MEREÇA SER FELIZ

Wanderley Oliveira

MEREÇA SER FELIZ

Superando as Ilusões do Orgulho

pelo espírito
Ermance Dufaux

Série
Harmonia Interior

MEREÇA SER FELIZ

Copyright © 2002 by Wanderley Soares de Oliveira

27ª Edição | Maio de 2015 | do 79º a 83º milheiro

Dados Internacionais de Catalogação na Publicação

DUFAUX, Ermance (Espírito)

    Mereça ser feliz.

    Ermance Dufaux (Espírito): psicografado por Wanderley Oliveira.

    DUFAUX: Belo Horizonte, MG. 2002

    304p. (Série Harmonia Interior)   16 x 23 cm

    ISBN: 978-85-63365-06-4

    1. Espiritismo   2. Psicografia

    I. OLIVEIRA, Wanderley   II. Título

    CDU 139.9

Impresso no Brasil | Printed in Brazil | Presita en Brazilo

Editora Dufaux
R. Contria, 759 - Alto Barroca
Belo Horizonte - MG, 30431-028
Telefone: (31) 3347-1531
comercial@editoradufaux.com.br
www.editoradufaux.com.br

 Conforme novo acordo ortográfico da língua portuguesa ratificado em 2008.

Os direitos autorais desta obra foram cedidos pelo médium Wanderley Oliveira à Sociedade Espírita Ermance Dufaux (SEED). Todos os direitos reservados à Editora Dufaux. É proibida a sua reprodução parcial ou total através de qualquer forma, meio ou processo eletrônico, digital, fotocópia, microfilme, internet, cd-rom, dvd, dentre outros, sem prévia e expressa autorização da editora, nos termos da Lei 9.610/98 que regulamenta os direitos de autor e conexos.

"Os enfoques deste livro são vigorosos receituários morais para a erradicação da doença do orgulho e, ao mesmo tempo, um tratado para a busca da felicidade, que só começará a despontar quando tivermos a coragem de apedrejar os espelhos da ilusão e quebrar as imagens fictícias de nós mesmos, mirando o espelho da realidade no resgate do 'eu divino' e exuberante ao qual todos nos destinamos ser."

Maria Modesto Cravo.

Sumário

Pérola de Deus   16

Apresentação   20

Prefácio   24

1. *A palestra de Eurípedes Barsanulfo*   32

Todos que aqui nos reunimos somos testemunhas dos efeitos da negligência e da invigilância de muitos amigos queridos que foram favorecidos pela luz do Consolador, mas que não se deixaram penetrar pelos raios da educação espiritual.
Compete-nos fazer algo mais em favor desse estado de coisas!

2. *Felicidade do tarefeiro espírita*   42

Caridade com o próximo, porém igualmente conosco. A luz com a qual clareamos os caminhos alheios é crédito perante a vida, entretanto, somente a luz que fazemos no íntimo nos pertence e é fonte de liberdade e equilíbrio, paz e riqueza na alma.

3. *Estudando o orgulho*   50

O estudo atento do orgulho será um caminho de infinitas descobertas para todo aquele que anseia pelas conquistas interiores.

4. *Informar e conscientizar*   58

Uma criatura informada poderá alçar amplos voos nas realizações do bem, entretanto, somente os conscientizados saberão como usar essas realizações para sua libertação pessoal.

5. Confessai-vos uns aos outros — 64

As fileiras espíritas têm sido atacadas por essa infestação moral de vergonha em compartilhar necessidades íntimas com fins reeducativos através do diálogo construtivo, criando uma lamentável epidemia de sigilo e omissão acerca das realidades profundas da alma...

6. Inteligência intrapessoal — 72

O problema não é como convivemos com o outro, mas sim como convivemos com o que sentimos e pensamos em relação ao outro. Por isso a boa convivência consigo mesmo é o princípio seguro de equilíbrio para uma interação proveitosa.

7. Comparações — 78

Nos relacionamentos as comparações são muito utilizadas pelo orgulhoso com a finalidade de exacerbar seu conceito pessoal e rebaixar a importância dos demais.

8. Credibilidade social e cidadania — 84

O amor é o movimento que nos importa acima de quaisquer princípios ou ideias. Credibilidade só pode ser adquirida pela alma que ama, e não por credenciais exteriores de adesão a grupos ou movimentos nos fins de semana.

9. Carmas imaginários — 92

O perfil psicológico do desmerecimento e do pecado, ainda tão presentes na mentalidade dos povos, generalizou crenças em torno da ideia do carma que aumentam a infelicidade humana através de pensamentos destituídos de bom senso e amparo na razão.

10. Opiniões e autoestima — 98

Porque não aprendemos ainda o autoamor, costumamos esperar as compensações e favores do amor alheio, permitindo um nível de insegurança e dependência dos outros face ao excessivo valor que depositamos no que eles pensam sobre nós.

11. Os espíritas diante da morte — 104

Somente o conhecimento doutrinário não erradica nossos problemas com a morte. Se reunirmos toda a sabedoria das obras básicas e das subsidiárias acerca desse tema, teremos algo comparável a um pequeno grão de areia perante o oceano imenso das realidades da vida imortal.

12. Interiorização — 110

Conhecer-se é a primeira iniciativa a fim de estabelecermos um acordo de paz interior. É a via de acesso para chegarmos ao estágio íntimo do bom relacionamento com a sombra, a tal ponto de nos munirmos de condições para uma autêntica mudança.

13. Personalismo, a lupa do orgulho — 116

Consideremo-lo em uma metáfora como a lupa do orgulho voltada na direção do eu, ampliando, exageradamente, o valor pessoal. Um estado no qual a mente está mais voltada para os apelos do ego em negação aos ditames da consciência.

14. Velho descuido — 120

Espera-se, com certa dose de razão, daqueles que esposam os princípios espíritas, que sejam criaturas de hábitos sublimados e comportamento exemplar, e quando se constata que nem sempre os amigos de ideal são o que idealiza-se que fossem, abre-se espaço para as cobranças, o desencanto e a desafeição.

15. Carências — 126

As matrizes profundas da carência podem ser encontradas no subconsciente. É o vício milenar de exigir e esperar ser amado sem disposição altruísta suficiente para amar. Resulta de uma construção lenta e gradual com bases no egoísmo.

16. Aprender a fazer — 134

A informação espírita é cultura, e a cultura em si não abriga o saber, porque o saber implica o uso da informação para gerar a transformação - meta essencial da proposta espírita.

17. Camuflagens e projeções — 140

O reflexo mais eminente da presença de semelhantes defesas psíquicas é a perda da autencidade humana. Na medida em que vai amadurecendo física e psicologicamente, a criança, o jovem e mais tarde o adulto, aprendem a esconderem-se de si e do mundo, gerando um complicado mecanismo para atendimento dos apelos sociais e paternais, quase sempre, em desacordo com sua autêntica personalidade.

18. Vício de prestígio — 150

Assim como existe a dependência química de tóxicos, existe a dependência psíquica de evidência e reconhecimento individual. Esse tipo de viciado é escravo da autoimagem exacerbada que faz de si mesmo.

19. Etapas da alteridade — 156

O trato humano com a diferença, da qual o outro é portador, tem sido motivo para variados graus de conflitos e adversidades. Inclusive, entre os seareiros da causa espírita, observa-se o desafio que constitui estabelecer uma relação harmoniosa e fraterna, quando se trata de alguém que não pensa igual ou que foge aos convencionais padrões de ação e pensamento, perante as tarefas promovidas nos círculos doutrinários.

20. Azedume, temperamento epidêmico   164
Azedume não é traço emocional somente de mal-humorados e irritadiços, pois ultrapassa essas conotações mais conhecidas e encontra-se na raiz de muitos quadros comportamentais da vida moderna.

21. Puritanismo do espírita   172
O puritanismo de alguns espíritas, nada mais é que a vivência exterior do Espiritismo, a criação de protótipos de conduta através de hábitos e costumes padronizados do tipo "isso pode, aquilo não pode".

22. Desafio afetivo   180
Apreciar a beleza, gostar da companhia, exaltar as qualidades ou surpreender-se com a cultura são reações naturais ante aqueles que apreciamos. O cuidado nesse assunto deve situar-se nos sentimentos que permitimos ebulir a partir desses encantamentos passageiros.

23. Fuga do mundo   186
Afora os conflitos naturais, sofridos em razão da necessária adaptação do homem depois que toma contato com as diretrizes espirituais, podemos classificar essa fuga do mundo, quando se torna persistente e sistemática, como verdadeira inconformação com as dificuldades corporais.

24. Silenciosa expiação — 194

Todo esforço de transformação interior gera reações penosas no controle dos impulsos do automatismo. Renovar é uma operação mental de contrariar a rotina, o habitual, gerando incômodos e dores variadas. São as dores psíquicas, dores íntimas. Efeitos naturais da ação transformadora, constituindo verdadeira e silenciosa expiação.

25. Obsessão e orgulho — 202

Não se admitir em erro ou isento das interferências de adversários do bem é uma atitude invigilante e perigosa que, por si só, já é uma porta aberta para o acesso dos maus espíritos.

26. Traços do arrependimento — 210

Três são os traços que caracterizam o arrependimento: desejo de melhora, sentimento de culpa e esforço de superação. Se tirarmos o esforço de superação dessa sequência teremos o cruel episódio mental do remorso, ou seja, os arrependidos que nada fazem para se melhorar.

27. Os responsáveis são felizes — 218

Não fomos educados para sermos responsáveis e sim para sermos culpados: perante as falhas, castigos; perante os êxitos, recompensas. Prêmios e punições representam o coroamento das ações, como se nada mais existisse ou fosse possível existir entre os extremos que denominamos "certo e errado".

28. Reféns do preconceito — 226

Ainda que desejemos não estabelecer julgamentos, nosso estágio evolutivo caracteriza-se por um "sequestro emocional", no qual somos "reféns" de processos mentais que ainda não conseguimos controlar completamente.

29. Perfis psíquicos — 232

Com interesse, aprofundei nas reflexões sobre os religiosos de todos os tempos, e pude assim melhor entender o perfil espiritual dos espíritas, que merece uma abordagem detalhada em tais compêndios antropológico-espirituais.

30. Missão dos inteligentes — 242

Ainda hoje, expressiva maioria das criaturas guarda agradável sensação de superioridade quando dtentora de largas fatias de cultura e desenvoltura cognitiva. Possuí-la não é o problema, mas sim como nos enxergamos a partir do saber que acumulamos, porque o orgulho costuma encharcá-la de personalismo e vaidade criando uma paixão pela autoimagem de erudição no campo mental.

31. Severos, porém, sem culpa — 250

Limite tênue existe entre a severidade como regime de disciplina e o sentimento de cobrança que conduz-nos a querer fazer o que ainda não damos conta. Uma imposição para a qual não temos preparo, sendo injustos conosco.

32. Vencendo o personalismo — 256

A vitória sobre o personalismo, portanto, está em sair de si acolhendo o outro, o diferente, com interesse altruísta e fraterno, aprendendo a "esvaziar-se do ego", sentindo o outro.

33. Espiritismo por dentro — 262

As poses religiosas sempre fizeram parte das atitudes humanas no intuito de convencer o outro daquilo que não convencemos a nós próprios. Essa atitude é reflexo do orgulho em querer parecer o que ainda não somos para fruir das sensações de que estamos sendo admirados e prezados pelos outros.

34. Solidariedade aos tarefeiros espíritas   270

Nossa referência não diz respeito, tão somente, a capacitá-lo para as responsabilidades doutrinárias, e sim em instrumentalizá-lo de condições emocionais para a vida. O endosso de nossa tese encontramo-lo na profunda solidão e amargura que têm causado sofrimento a muitos servidores, que a despeito de estarem prontos para a tarefa, não se encontram preparados para viverem em paz.

35. A Palestra de Maria Modesto Cravo   274

Os conceitos que tomaram conta da cultura popular sobre o que seja humildade prejudicam em muito seu verdadeiro significado. Associam-se humildade com simplicidade, pobreza, atitudes discretas e inúmeras coisas parecidas em ser alguém apagado, que não se destaca, que se mantém no anonimato, que não expressa e nem possui qualidades.

"Ser feliz é desconhecer barreiras, porque a felicidade anda de mãos dadas com a fé."

Pérola de Deus

A pérola, uma das mais belas jóias naturais, é formada a partir do instante em que as ostras são agredidas por algum agente externo e liberam uma substância chamada nácar, cujo objetivo é envolver aquele elemento agressor e protegê-las. O acúmulo de várias camadas de nácar em movimentos concêntricos forma a pérola depois de algum tempo.

A felicidade é como a pérola que se forma dentro da ostra: nasce dos embates de cada dia, no esforço da transformação no reino do sentimento.

Portanto, mesmo com os problemas e dificuldades, não desanime ou interrompa seus ideais de espiritualização. A seu tempo, perceberás um clarão reluzente na sua intimidade, refletindo a riqueza e a sabedoria do Pai, que servirá para embelezar a vida e fazê-lo(a) mensageiro da paz em você mesmo. É a pérola da alegria definitiva.

Ser feliz é estar bem consigo e com o mundo. É deixar a pérola da alegria luzir para tudo que vibra à sua volta. Ser feliz é desconhecer barreiras, porque a felicidade anda de mãos dadas com a fé. Ser feliz! Quanto significa essa expressão!

Abra-se para a vida sem medo ou culpa, acredite no futuro, trabalhe e sirva, ame e perdoe. Inevitavelmente a resposta virá pelas leis que conspiram a favor do seu progresso e ascensão.

Prossiga confiante na conquista de si mesmo e guarde a inabalável certeza de que você foi criado por Deus para ser feliz na condição de ostra da Terra e pérola de Sua Criação.

Ermance Dufaux.
Belo Horizonte, março de 2002.

*"Severo desafio
aguarda
os espíritas!"*

Apresentação

"É necessário que ele cresça e que eu diminua."
João Batista – João 3:30.

Não tenho o que se poderia chamar de uma linguagem estética e coerente com a beleza e a harmonia da obra Mereça ser Feliz. Porém, minha identidade com o coração de Ermance Dufaux, seu trabalho no Hospital Esperança e seu amor pela causa que nos une leva-me a arriscar algumas frases singelas de estímulo.

O orgulho é grave doença espiritual que afeta a mente em severos quadros de desequilíbrio. Vencer essa perigosa "bactéria da alma" significa desiludir da falsa imagem que criamos para que nos sintamos importantes na vida. Essa necessidade surge do profundo sentimento de inutilidade que a maioria dos espíritos têm agasalhado em seus corações atrelados à esfera da Terra. Baixa estima a si mesmo e insatisfação são suas manifestações costumeiras.

Os enfoques deste livro são vigorosos receituários morais para a erradicação da doença do orgulho e, ao mesmo tempo, um tratado para a busca da felicidade, que só começará a despontar quando tivermos a coragem de apedrejar os espelhos da ilusão e quebrar as imagens fictícias de nós mesmos, mirando o espelho da realidade no resgate do "eu divino" e exuberante ao qual todos nos destinamos ser.

Severo desafio aguarda os espíritas!

O movimento humano em torno das idéias doutrinárias edificou formalidades que adulam a vaidade pessoal e enaltece as vitórias institucionais. E o pior é que estão se acostumando com isso. Nessa miragem, o amor e a espontaneidade têm sido relegados a pretexto de atender protocolos de pureza filosófica, entravando lamentavelmente as riquezas da alma em detrimento de padrões que mais apontam para a vaidade que para a Verdade.

Doa a quem doer, mas hoje temos que admitir: existe um "espiritismo dos homens" e o Espiritismo do Cristo. E nem sempre eles se encontram na mesma direção!!!

A prova disso está nos inúmeros e lamentáveis casos que atendemos no Hospital Esperança[1], onde amigos queridos de ideal, que muito amamos, sofrem dolorosas crises de prepotência, atestando crises agudas de insanidade e arrependimento tardio depois de longas peregrinações nos vales do poder e da angústia...

Amigos que deveriam chegar aqui para trabalhar e servir em nossas leiras, mas que chegam cansados e doentes, tristes e culpados...

Quando os princípios religiosos são mais importantes do que os sentimentos, a fraternidade não

---

[1] O Hospital Esperança é uma obra de amor erguida por Eurípedes Barsanulfo no mundo espiritual. Seu objetivo é amparar os seguidores de Jesus que se deparam com aflições e culpas conscienciais após o desencarne. Informações mais detalhadas sobre o hospital podem ser encontradas no livro *Lírios de esperança*, obra de autoria espiritual de Ermance Dufaux e psicografia de Wanderley Oliveira, Editora Dufaux.

tem vez e a fé é submetida aos roteiros do imediatismo nas cerimônias exteriores, bem a gosto do ego, desvalorizando os ditames da consciência.

Em Mereça ser Feliz encontraremos diretrizes para inverter a ordem em nossos programas no bem junto à lavoura espírita, caso tenhamos, de fato, suficiente humildade para aceitarmos quem somos verdadeiramente e decidirmos por interromper as fantasias de grandeza e elevação que, por enquanto, ainda não são conquistas definitivas de nossas almas.

Ao optarmos por sermos um pouco menores, diminuindo para que o Cristo cresça em nós, também optamos pela felicidade.

Da servidora de Jesus Cristo e trabalhadora da causa do amor e do bem,

Maria Modesto Cravo[2]
29 de março de 2002

---

[2] Maria Modesto Cravo nasceu em Uberaba, em 16 de abril de 1899, e desencarnou em Belo Horizonte, em 08 de agosto de 1964. Uma das pioneiras do espiritismo em Uberaba, atuou com devotamento junto ao Centro Espírita Uberabense e ao Lar Espírita. Médium de excelentes qualidades, trabalhadora incansável do amor ao próximo e mulher de muitas virtudes, dona Modesta, como era conhecida, foi a fundadora do Sanatório Espírita de Uberaba, instituição voltada para o tratamento de transtornos mentais, inaugurada em 31 de dezembro de 1933 e em plena atividade ainda hoje. Foi nessa casa de amor que se tornou conhecido o valoroso companheiro Dr. Inácio Ferreira, médico psiquiatra e um baluarte do bem.

Prefácio

"O Reino de Deus não vem com aparência exterior."

Lucas 17:20.

Estamos cientes de que todos nós merecemos a felicidade, porém, nem todos possuem, em sua intimidade, a crença desse merecimento.

Para gozar do direito natural de ser feliz não basta simplesmente cumprir com algumas receitas de conduta, como se fossem fórmulas prontas para êxito imediato. Merecimento é um estado afetivo a ser conquistado, um sentimento sem o qual permanecemos reféns da tirania da culpa e do medo. Merecimento é a liberdade conferida pela consciência para o florescimento de elevados recursos interiores; é resultante do esforço de aperfeiçoamento espiritual, constituindo vigoroso campo de atração para o recolhimento da boa parte da vida; é o estado íntimo que só começaremos a sintonizar quando passarmos a ouvir a sublime melodia da consciência em substituição ao valor que damos à gritaria do ego.

As concepções humanas, quase sempre, interpretam felicidade como sorte ou escolha divina, buscando-a através de fórmulas mágicas de imediatismo. Diante desse quadro, torna-se imperiosa a necessidade de redefinir seu conceito à luz da espiritualidade, estudando os caminhos para readquirirmos a condição de paz da qual deliberadamente nos afastamos em milênios de experiências no terreno das aparências insufladas pelo orgulho. Prepondera na Terra uma falsa noção de felicidade através da satisfação de carências estimuladas pelas ilusões da vida moderna, enquanto felicidade é conquista de valores inalienáveis e realização existencial. Não basta viver, temos de existir, ser. A autorrealização legítima nem sempre é aquilo que desejamos para nossas vidas. A cultura humana de ajustar anseios pessoais aos padrões coletivos da sociedade tem constituído campo de revolta e desânimo para muitas criaturas.

O oposto da felicidade não é a tristeza, é a insatisfação. A insatisfação humana ocorre porque as criaturas estão vivendo, mas não sabem existir. A tristeza é emoção, pode ser passageira; todavia a insatisfação é estado, resultado de uma enorme sequência de insucessos, más escolhas que levam o homem a sucumbir e vagar nos caminhos da porta larga sob os convites das futilidades mundanas.

O importante é ser, é existir, é plenificar-se para passarmos pela vida sem deixar que ela passe por nós, é sermos proprietários do nosso destino, é merecermos a liberdade. Entretanto, para nós, os transgressores das reencarnações, essa alforria tem um preço: a educação nos roteiros do amor.

À luz da sabedoria espiritual, a satisfação individual decorre da plena identificação com as linhas mestras do projeto reencarnatório que antecede o retorno do espírito ao corpo físico, cujo objetivo prioritário é colocá-lo em melhores condições ante o infalível tribunal da consciência. Portanto, ser feliz é uma questão de afinar as atitudes e sentimentos com esse plano de espiritualização, somente possível pelo reencontro com a Verdade sobre nós mesmos. Esse reencontro com o Eu Divino é o resgate da consciência lúcida, é a conscientização, é o preço que se paga para ser feliz.

O centro espírita tem um relevante papel nesse panorama social de deseducação para a conquista da plenitude, por ensejar um entendimento mais amplo sobre como efetuar esse reencontro conosco próprio, em regime de paz e esperança.

Em especial os espíritas, depositários do inesgotável tesouro do Espiritismo, carecem avaliar com urgência e humildade os assuntos aqui considerados, tendo em vista o número cada vez maior de corações afins no ideal que carregam para cá, na vida extrafísica, exageradas expectativas de salvação e elevação em razão de movimentações de superfície nos compromissos junto à abençoada seara espiritista. E, para aqueles outros que realmente se comprometeram com a mudança de si mesmos, nossas análises podem lhes abrir uma visão mais ampla dos mecanismos sutis da vida íntima, favorecendo o domínio sobre "forças ignoradas" na direção da harmonia definitiva.

Um desafio urgente nos espera nas tarefas de amor às quais nos matriculamos em serviço pela felicidade alheia: descobrir como operar também a nossa felicidade pessoal para que o desânimo e as distrações do caminho não nos enganem com os apelos de abandono e cansaço - atitudes comuns em servidores valorosos, porém, invigilantes e menos abnegados.

Apesar da lógica dos conhecimentos espíritas, muitos irmãos idealistas e generosos, iludidos por si mesmos, optam por suporem-se grandiosos e livres do laborioso dever da renovação de suas atitudes somente porque adornam-se com títulos, que causam a sensação de evolução realizada tais como os médiuns, doutrinadores, palestrantes, dirigentes, escritores e tarefeiros de diversos gêneros.

O objetivo da obra Mereça ser feliz, prosseguindo a série Harmonia Interior, é ajudar a pensar alguns caminhos para esse autoenfrentamento. Nada mais fizemos que oferecer reflexões para incursões no desconhecido mundo de nós próprios. Enfoques diferentes para velhos temas morais no intuito de facilitar o entendimento e avaliação que, habitualmente, assinalamos distante e fora de nós. Nossos enfoques nada possuem de definitivos ou conclusivos. O debate saudável e as investigações sérias, entre todos aqueles que almejam a melhoria espiritual, poderão acrescer-lhes vastos horizontes de entendimento.

Portanto, nossa esperança repousa, tão somente, em oferecer aos amigos reencarnados uma pequenina fresta pela qual se possa vislumbrar um pouco mais sobre a realidade evolutiva eivada de necessidades das quais ainda somos portadores. Sem nos darmos conta da extensão dessa realidade, continuaremos iludidos sob a hipnose do orgulho, acreditando em virtudes que ainda não conquistamos, acalentando anseios e júbilos dos quais ainda não nos fizemos credores, vindo a tombar, após a morte, no reino da decepção e do queixume tão pertinentes àqueles que vislumbram as verdades espíritas, mas que esperam mais do que merecem na imortalidade.

Por que esperar a morte para enxergar e mudar o que se pode e deve ser aperfeiçoado em plena romagem terrena? Por que esperar a vida espiritual para olhar no espelho da consciência e mirar a autêntica criatura que não se quer perceber na intimidade?

As anotações desse volume despretensioso foram inspiradas num curso de vinte dias que realizamos no

Hospital Esperança, sob a direção de Eurípedes Barsanulfo. O amado benfeitor, utilizando-se do versículo acima, reuniu uma centena de almas que cooperam ativamente no labor da psicografia junto ao movimento espírita, concedendo-nos a alegria de compartilhar de sua venerável bagagem em admiráveis e inesquecíveis lições de vida, enfocando o orgulho como o principal obstáculo para a aquisição do contentamento eterno e da paz íntima. O benfeitor fez inspiradas análises sobre suas causas, seus efeitos e conduziu sempre nossos raciocínios e sentimentos ao imperativo da humildade como quesito primordial para a instauração do Reino de Deus no altar íntimo da consciência.

Fazemos um caminho de volta ao Pai. Somos os filhos pródigos que constroem sendas de libertação e aprimoramento, sendo exigido muito esforço e vontade nesse doloroso retorno. Entretanto nunca desistamos de ser feliz. Fomos criados para esse Alvo Divino. Acreditemos e sigamos com a certeza que pagar o preço do sacrifício pelo triunfo da paz interior é fonte de luz em qualquer tempo da vida.

Indubitavelmente, a sábia colocação de Jesus ao destacar o Reinado de Deus distante das aparências exteriores é, sobretudo, oportuna indicação inclinando-nos a deduzir que de ninguém dependemos para alcançarmos a plenitude da felicidade, a não ser de nós próprios.

Trabalhemos com afinco por merecê-la e façamos o bem pelo próximo, mas, igualmente, o façamos em nosso favor aprendendo a ser boas companhias para nós mesmos através de uma convivência pacífica e gratificante.

Lutemos pela nossa felicidade, mesmo que, por enquanto, no quadro escuro das provas, ser feliz seja apenas viver um pouco melhor hoje do que ontem.

Esperançosos em termos contribuído palidamente para vê-los felizes, desejamos aos nossos leitores e amigos votos de paz e bom proveito em nossas singelas reflexões.

Ermance Dufaux.
Belo Horizonte, fevereiro de 2002.

"A Proposta Educacional de Jesus utiliza-se da pedagogia do amor a Deus, ao próximo e a si mesmo."

Capítulo 1

A Palestra de Eurípedes Barsanulfo

"Vem um dia em que ao culpado, cansado de sofrer, com o orgulho afinal abatido, Deus abre os braços para receber o filho pródigo que se lhe lança aos pés. As provas rudes, ouvi-me bem, são quase sempre indício de um fim de sofrimento e de um aperfeiçoamento do Espírito, quando aceitas com o pensamento em Deus. É um momento supremo, no qual, sobretudo, cumpre ao Espírito não falir murmurando, se não quiser perder o fruto de tais provas e ter de recomeçar. Em vez de vos queixardes, agradecei a Deus o ensejo que vos proporciona de vencerdes, a fim de vos deferir o prêmio da vitória. Então, saindo do turbilhão do mundo terrestre, quando entrardes no mundo dos Espíritos, sereis aí aclamados como o soldado que sai triunfante da refrega."

O evangelho segundo o espiritismo – cap. 14 – item 9.

Durante o período de psicografia dessa obra, a autora espiritual citou inúmeras vezes o estudo realizado por Allan Kardec com o título "O Egoísmo e o Orgulho" em *Obras póstumas*, primeira parte. Segundo Ermance Dufaux, é uma das mais completas abordagens sobre o tema em toda a literatura espírita até o presente momento. Compartilhamos essa informação no intuito de oferecer mais subsídios em torno do tema aqui desenvolvido. (N.A.)

Apesar dos volumosos afazeres junto ao Hospital Esperança, Eurípedes Barsanulfo sempre destaca periodicamente alguns dias para a tarefa de esclarecimento e preparação de servidores para os labores do bem.

Oportunamente, reuniu cem cooperadores desencarnados em atividade nos serviços de psicografia mediúnica durante vinte dias em regime intensivo, a fim de ministrar-nos um curso cujo título foi "A Proposta Educacional de Jesus". Foram dias de profunda meditação e sabedoria que preencheram nossos corações de idealismo e sensibilidade.

Deixaremos a seguir um breve resumo da aula inaugural que serviu de fio condutor para os debates e estudos dos dias subsequentes, considerando que a abordagem do benfeitor compromete diretamente a todos os que se encontram envolvidos com as atividades libertadoras da abençoada Doutrina Espírita, incluindo nós outros, os desencarnados.

"Irmãos, Jesus seja nossa inspiração.

A proposta educacional de Jesus tem por objetivo a felicidade e Sua pedagogia assenta-se no amor e na esperança. Essa felicidade, no entanto, tem um preço: a construção do Reino dos Céus mencionada pelo Mestre na intimidade de cada ser.

Ele afirmou que o 'Reino de Deus não vem com aparência exterior.'[1] Contudo, para a maioria dos homens, Deus ainda é procurado por fora - um ponto de vista que tem raízes em tempos imemoriais nos degraus do processo evolutivo.

Aqui no Hospital Esperança temos constatado todos os dias, e cada vez mais, a urgência de se conclamar os nossos coidealistas na Terra a uma campanha pelo 'Espiritismo por dentro'. Lamentavelmente, embora seja compreensível, o vazio existencial que toma conta do homem comum tem sufocado também as esperanças frágeis de muitos companheiros espíritas que se encontram à míngua de uma réstia de força.

Por que estariam muitos confrades nessa situação? Qual a razão de optarem pela treva quando a luz já lhes ilumina os rumos novos?

Todos que aqui nos reunimos somos testemunhas dos efeitos da negligência e da invigilância de muitos amigos queridos que foram favorecidos pela luz do Consolador, mas que não se deixaram penetrar pelos raios da educação espiritual.

Compete-nos fazer algo mais em favor desse estado de coisas!

Precisamos dilatar as concepções dos trabalhadores da seara acerca dos objetivos de sua adesão aos serviços de esclarecimento e edificação moral. Muitos discípulos, mais desatentos e mal informados que infiéis, têm procurado o serviço espírita imbuídos de elevadas expectativas de

---
[2] Lucas 17:20.

vantagens pessoais embaladas por sonhos de imediatismo e facilidades. Recorrem aos centros espíritas à cata de soluções fáceis e raramente se comprometem com a essência do 'Espiritismo por dentro'. Demonstram boa vontade e generosidade, todavia, em muitas ocasiões, as próprias organizações doutrinárias não lhes orientam coerentemente para serem eles próprios a solução de suas vidas, através do trabalho transformador em busca da felicidade individual.

Expressiva parcela dos aprendizes do Consolador acostumam-se assim a verem nas tarefas um pesado ônus que assumem como se estivessem resgatando extensos débitos na busca da felicidade, deixando de efetuar a educação de si mesmos nas tarefas de amor e estudo. Passam anos ou toda a sua existência nessa condição do 'Espiritismo por fora', entregues a posturas pudicas sem renovarem o sentimento, evitando o mal mas nem sempre com desejo real de afastar-se dele, entrincheirando-se nos labores da caridade como quem paga extensa conta com o próximo, mas nem sempre exercitando os sentimentos nobres com os quais faria sua redenção pessoal.

Procuram, quase sempre, folga e facilidade, quando o serviço do Cristo se opera exatamente na direção oposta.

Depois desencarnam à espera de glórias que não fizeram realmente por merecer, porque plantaram o bem no próximo e nem sempre cultivaram o bem a si mesmos.

Levemos ao plano físico conceitos mais lúcidos sobre o que seja a felicidade para não se confundirem em ilusões fascinantes ou teorias doutrinárias mal interpretadas.

Felicidade é o estado de satisfação existencial, uma questão toda interior e definitiva, bem diferente dos momentos fugazes de bem-estar e alegria que podem ser obtidos por empréstimo através do amparo espiritual, das genuflexões e da fluidoterapia espírita.

Se algo podemos acrescer aos amigos domiciliados na carne, será apontar o conhecimento de si mesmo como roteiro de equilíbrio e caminho para a tão almejada felicidade, a fim de assumirem 'o bom combate' no enfrentamento íntimo.

Os Sábios Guias da Verdade já registraram que a felicidade dos Espíritos Superiores consiste em conhecerem todas as coisas[2].

Saber o que se passa conosco, entender as causas de nossas reações, mergulhar nos motivos de nossas afinidades e antipatias, pesquisar as origens de nossas tendências, conhecer as raízes das emoções e pensamentos indesejáveis são conquistas interiores, fonte imensurável de realização pessoal.

Definitivamente fica claro que ser feliz é uma questão de interiorização, uma investigação perseverante sobre a bagagem integral do espírito. Essa viagem interior permitirá resgatar, paulatinamente, o reencontro com a Centelha Divina, o Pai que foi abandonado pelo Filho Pródigo, a parcela 'imaculada' de Deus no íntimo. Esse passo será um laborioso trabalho de dissolver os escombros morais sob os quais encontram-se soterrados, há milênios, os valores espirituais em razão da tragédia da 'orfandade escolhida', ou seja, a infeliz escolha de aban-

---

[2] *O livro dos espíritos* – questão 967.

donar a segurança da plenitude, em comunhão com as Leis Divinas, pela opção da "liberdade" para construir o caminho da insatisfação e da insaciedade através do egoísmo.

A exemplo do Filho Pródigo do Evangelho, o homem está escravizado pela insegurança perturbadora causando-lhe dores inconsoláveis e sentimentos de revolta, desamor e tristeza que nascem do reflexo cruel do personalismo viciado.

Nesse trajeto de distanciamento da luz paternal nasceu o maior inimigo de todos nós, o orgulho, como sendo saliente sentimento de superioridade que nos vimos obrigados a gestar para encenarmos a segurança que perdemos por nos desligarmos do Pai. Sentimento esse que nos transportou a todo tipo de arbitrariedades nos domínios da ilusão, ampliando mais e mais nossa frustração e desajuste consciencial.

A retomada desse processo exigirá o compromisso de operar incansavelmente nas faixas da renovação interior em favor de novos padrões de existir e de ser, tornando-nos merecedores dos júbilos da alma perante a vida.

Até agora o que compreendemos por felicidade, quase sempre, tem sido o resultado da Misericórdia Divina, que nunca nos desampara em nome do amor, oferecendo-nos recursos que 'não merecemos', a fim de que tenhamos as condições mínimas para palmilhar o caminho das conquistas interiores na busca da felicidade merecida, que ninguém poderá nos retirar no futuro glorioso que nos espera a todos.

A advertência inesquecível de Jesus, Mestre e profundo conhecedor da psicologia humana, assinalou que o Reino de Deus não surgiria com aparências exteriores; e esse estado íntimo assinalado é o reinado da paz, decorrente das almas felizes que se fizeram 'escolhidas' para serem filhos pródigos de retorno à Casa Paternal.

Essa oportunidade de optar e renovar os caminhos nessa direção está entregue a cada um de nós, recordando que o simples fato de renascer no corpo físico é indício certo de que Deus abriu 'Seus braços' para nós, os filhos infiéis, e nos disse: 'Porque este meu filho estava morto, e reviveu, tinha-se perdido, e foi achado.'[3]

Nossa tarefa será levar aos irmãos iluminados pela Doutrina da imortalidade que é preciso vencer as aparências e exterioridades, vigiar as decisões para não permitir o equívoco de procurar a felicidade nas questões efêmeras, repetindo velhas atitudes de religiosidade estéril em comportamentos moralistas e autoritários com os quais acredita-se possuir o reino dos céus.

Confirmemos, em nome da caridade que pede a sinceridade, que o joio da atitude pretensiosa e arrogante tem rondado a sementeira do Cristo com ares de trigo vicejante.

Os túmulos caiados, da passagem do Evangelho, estão ressurgindo em nossa obra de amor. Ressurgem nas fileiras da caridade espírita na condição daqueles que acreditam estar com suas questões espirituais resolvidas tão somente em razão da refazente sensação de paz nos

---
[3] Lucas 15:24.

movimentos abençoados das doações, que, no entanto, se fortalecem a alma, não são suficientes para resolver seus problemas de consciência – única salvaguarda para a 'morte feliz'.

Além de caridade e estudo, na forma como nossos companheiros terrenos têm compreendido, precisamos ensinar-lhes a cultivar ideais, a desenvolverem projetos de vida, a terem metas existenciais afinadas com a Proposta Educacional de Jesus e a entenderem com mais acerto o que é a humildade, para não cederem às injunções dolorosas da depressão e da desistência, tão comuns mesmo sob a tutela das tarefas doutrinárias. Conduzamo-los o quanto antes ao contato com as Verdades Evangélicas, estudadas com sensatez e fé racional, para sedimentarem uma esteira nova de motivações em todos os campos de sua vida.

Levemos, portanto, ao plano físico, especialmente aos lidadores espíritas, a mensagem de que felicidade tem preço: o preço da renúncia e da abnegação de si mesmo em favor da efetiva implantação dos ideais renovadores no cérebro e no coração. A vitória sobre o nosso orgulho será o triunfo da paz nos rumos da humildade – sentimento de reconhecimento da real condição de Filhos Pródigos diante do universo.

Enquanto muitos irmãos operosos e idealistas estão comparando-se a missionários dos tempos modernos, carecemos incutir-lhes nas nascentes do coração o sentimento de humildade no resgate da realidade da qual são portadores, que não ultrapassa a excelente condição de filhos arrependidos em busca de melhora e recuperação.

A Proposta Educacional de Jesus utiliza-se da pedagogia do amor a Deus, ao próximo e a si mesmo. Sua didática está contida no ensino: 'aquele que quiser vir após mim, negue-se a si mesmo...'[4]

Portanto, amor e renúncia da personalidade exigente são nossos caminhos de libertação espiritual e resgate para a aquisição da condição de Filhos de Deus.

A felicidade está amplamente vinculada ao merecimento, e merecimento é a Divina Concessão da Vida que responde aos nossos esforços no bem com maiores possibilidades para trabalhar e servir, aprender e amar, na conquista da harmonia interior que é o outro nome da felicidade."

---

[4] Mateus 16:24.

"A luz com a qual clareamos os caminhos alheios é crédito perante a vida, entretanto, somente a luz que fazemos no íntimo nos pertence e é fonte de liberdade e equilíbrio, paz e riqueza na alma."

Capítulo 2

Felicidade do tarefeiro espírita

"Em que consiste a felicidade dos bons Espíritos? Em conhecerem todas as coisas;" (...)

O livro dos espíritos – questão 967.

Observamos um quadro comum nas fileiras abençoadas do serviço espírita: alguém procura apoio e consolo, recebendo a recomendação acertada para buscar o trabalho e o estudo – medicações essenciais para recuperação e desenvolvimento da felicidade e da paz.

Assim, o aprendiz começa seu trabalho espiritual, doando-se nas atividades de amor ao próximo e na laboriosa busca de conhecimento. O tempo passa e a melhora é evidente. Contudo, o próprio trabalhador observa, em determinado momento, que se encontra diante de si mesmo com o grave compromisso de transformação e crescimento, tendo uma longa jornada a iniciar. Nesse ínterim, experimenta a sensação de que o progresso efetivado não é compensador e passa a debater-se com a questão da felicidade, do equilíbrio e da superação de velhos vícios. Percebe que estudo e trabalho, por si só, não geram a transformação e a grandeza desse estado íntimo que requer um tanto mais de aplicação do servidor a novos campos de labor na sua intimidade.

Nessa hora decisiva da caminhada espiritual, se o discípulo espírita não dispuser de elevadas doses de atenção e paciência na compreensão de suas necessidades profundas, poderá sucumbir nos estados de descrença e desânimo, vindo a permitir-se o desencanto com o idealismo superior. Falta-lhe horizontes sobre os caminhos a construir para aquisição da paz legítima, respostas mais consistentes aos seus dramas interiores, os quais deseja superar em busca do homem novo.

Pensará então de si para consigo: para que tanto esforço, se não observo melhoras na minha vida pessoal? Com que objetivo trilhei esse caminho, se não consigo vencer certas limitações que atormentam minha consciência? Por que não logrei um tanto mais de felicidade ante tanta movimentação e empenho na trilhas de espiritualização?

Comum observar, igualmente, o pessimismo em que se encontram muitas lideranças valorosas, entregues ao desânimo depois de ricos investimentos na lavoura doutrinária em anos de trabalho e devoção, desacreditando de tudo e de todos, projetando no movimento espírita o derrotismo que tomou conta de seu campo mental.

Falta de horizontes, rotina exaustiva, sensação de faltar algo na melhoria das atividades, sem conseguir se dar conta do que seja, ausência de criatividade de novas alternativas e soluções para os velhos problemas de grupo e comportamento, cansaço na luta com as imperfeições sem encontrar caminhos para o progresso pessoal: esses são os resultados de algumas de suas tarefas depois de anos peregrinando nas vivências espiritistas. O que estará acontecendo? Será uma obsessão? Um descuido? O que ocorre nessas circunstâncias? Será normal esse tipo de vivência ou será o fruto de semeadura mal trabalhada?

Essa questão sutil da vivência espírita tem passado desapercebida de muitos, e não é por outra razão que bons tarefeiros têm abandonado a sementeira ou tombado em diversos insucessos do comportamento.

Façamos uma análise sobre o assunto, tomando por base um campo preparado para o plantio, onde o agricultor não deitou as sementes nas covas. Que resultados esperar dessa sementeira sem semeadura? Em outro quadro, poderíamos supor que o lavrador semeou, no entanto, sua impaciência e intransigência com a natureza lhe retiram a força para continuar os cuidados imprescindíveis com a gleba.

Assim é a situação do tarefeiro. Trabalhar e estudar são os caminhos de descoberta e fortalecimento. Todavia, se ele não se aplica ao serviço essencial da transformação de si próprio, buscando o autoconhecimento com pleno domínio do mundo interior, deixará de semear no seu terreno pessoal as sementes vigorosas que vão lhe conferir, no futuro, a liberdade e a farta colheita do júbilo almejado por ele mesmo. E esse processo exige tempo, disposição incansável de recomeçar, meditação, cultivo de novos hábitos, oração, renúncia, capacidade de sacrifício, vigilância mental, vontade ativa, disciplina sobre os desejos, diálogo fraternal, dever cumprido e amparo espiritual.

Não existe felicidade sem pleno conhecimento de si mesmo. O mergulho nas águas abissais do mar íntimo é indispensável. E a convivência, nesse contexto, é escola bendita. Saber os motivos de nossas reações uns frente aos outros, entender os sentimentos e ideias nas relações é preciosa lição para o engrandecimento da alma na busca de si próprio.

Por isso, sempre ao lado de tarefas e estudos, incentivemos um melhor relacionamento, permitamos espaços no centro espírita para construção de grupos autênticos, que permitam falar de seus limites, de suas angústias, de suas lutas, de suas vitórias, de seus sonhos, em magnífica permuta de vivências embasada em tolerância e solidariedade, a fim de promover as agremiações doutrinárias a ambientes de legítima fraternidade, evitando as capas, as máscaras e o verniz.

Os excessos nesse tema são reais. A intransigência, a normatização, o clima de cobranças têm servido para nos assustar e aterrorizar. Frases impiedosas e humilhantes têm sido usadas a pretexto de esculpir um modelo de conduta ou padrão para a vida espírita, calcadas em velhos chavões religiosistas no estilo "espírita faz isso, espírita não faz aquilo", subtraindo a possibilidade da conscientização, do amadurecimento, da interiorização dos conteúdos pelas vias sagradas do coração.

O ser humano está cansado da intransigência. Ele quer responsabilidade, liberdade e paz. E se não mudarmos a didática na forma de comunicarmos a mensagem espírita, continuaremos na obsoleta postura de educar de fora para dentro, quando educação é tirar de dentro para fora, respeitando as singularidades da individualidade e permitindo-lhe o ajustamento pacífico entre os novos conteúdos apresentados pelo Espiritismo e sua bagagem espiritual, buscando, pouco a pouco, através da postura íntima, a responsabilidade, a mudança de hábitos, o controle sobre sua própria existência na direção de novos propósitos.

Ante essa abordagem, não temos dúvida em afirmar que quando orientamos quem quer que seja a estudar e trabalhar, jamais podemos deixar de alertar e relembrar que o compromisso da transformação é individual e exige esforço, a fim de não alimentarmos velhas ilusões de "negociatas com Deus" em favor de vantagens na vida.

Não podemos supor que a simples adesão do trabalhador ao trabalho trará paz e felicidade instantâneas. Por isso, todas as atividades que se erguem em nome do Espiritismo deveriam ter como objetivo primordial ensejar aos que dela participam uma visão do compromisso educativo no qual ele está ingressando. Essa responsabilidade está diretamente atrelada às funções daqueles que a dirigem, que devem ser os primeiros a terem consciência clara das linhas de aprendizado que cada atividade pode desenvolver no mundo mental, psicológico e emocional do tarefeiro.

Caridade com o próximo, porém, igualmente conosco. A luz com a qual clareamos os caminhos alheios é crédito perante a vida, entretanto, somente a luz que fazemos no íntimo nos pertence e é fonte de liberdade e equilíbrio, paz e riqueza na alma.

Parece óbvio a nossa afirmativa, mas nem tanto! Há muitas pessoas esquecendo ou não querendo compreender semelhante princípio, submetendo-se a largo processo de autocobrança do qual não conseguem vencer, enredando-se em climas desgastantes de desamor a si próprias. E o mais lamentável é que muitas pessoas passam a acreditar que esse mecanismo de sofrimento é o resultado de reflexos de seu passado reencarnatório, quando, em verdade, a pessoa está no labirinto de si mesma sem conseguir encontrar as saídas pelas quais já poderia ter passado, caso guardasse melhor habilidade na arte de conviver bem consigo própria.

A felicidade, tão procurada no mundo da transitoriedade, está em nós, no ato de penetrarmos na desconhecida gleba do eu, arando esse terreno fértil para que floresça a Divindade da qual somos todos portadores. Essa é a felicidade dos Espíritos Superiores, conforme assertiva da codificação; todavia, pode também ser a nossa, ainda agora...

"O orgulho tem esse mecanismo de produzir uma ilusão da avaliação individual, transferindo o mal para os outros, onde é menos penoso verificá-lo."

Capítulo 3
Estudando o orgulho

"Uma das insensatezes da Humanidade consiste em vermos o mal de outrem, antes de vermos o mal que está em nós. Para julgar-se a si mesmo, fora preciso que o homem pudesse ver seu interior num espelho, pudesse, de certo modo, transportar-se para fora de si próprio, considerar-se como outra pessoa e perguntar: Que pensaria eu, se visse alguém fazer o que faço? Incontestavelmente, é o orgulho que induz o homem a dissimular, para si mesmo, os seus defeitos, tanto morais, quanto físicos. Semelhante insensatez é essencialmente contrária à caridade, porquanto a verdadeira caridade é modesta, simples e indulgente. Caridade orgulhosa é um contrassenso, visto que esses dois sentimentos se neutralizam um ao outro. Com efeito, como poderá um homem, bastante presunçoso para acreditar na importância da sua personalidade e na supremacia das suas qualidades, possuir ao mesmo tempo abnegação bastante para fazer ressaltar em outrem o bem que o eclipsaria, em vez do mal que o exalçaria? Por isso mesmo, porque é o pai de muitos vícios, o orgulho é também a negação de muitas virtudes. Ele se encontra na base e como móvel de quase todas as ações humanas. Essa a razão por que Jesus se empenhou tanto em combatê-lo, como principal obstáculo ao progresso."

O evangelho segundo o espiritismo – cap. 10 – item 10.

O projeto de melhoria individual de todos nós esbarrará ainda por longo tempo com essa mazela moral que constitui a raiz de larga soma de atitudes humanas.

O estudo atento do orgulho será um caminho de infinitas descobertas para todo aquele que anseia pelas conquistas interiores.

Orgulho é o sentimento de superioridade pessoal resultante do processo natural de crescimento do espírito; um subproduto do instinto de conservação, um princípio que foi colocado no homem para o bem[1], porque sem o sentimento de valor pessoal e a necessidade de estima não encontraríamos motivação para existir e não formaríamos um autoconceito de dignidade pessoal.

O problema não é o sentimento de orgulho, mas o descontrole de seus efeitos. No atual estágio de aprendizado, ainda não temos plena capacidade de controlá-lo. Ele está presente em quase tudo o que fazemos. Isso o torna uma paixão ou, como dizem os bondosos Guias da Verdade, "o excesso de que se acresceu a vontade."[2] Conceituemo-lo, portanto, como uma paixão crônica por si mesmo, impropriamente denominado como "amor próprio". A esse respeito afirma Allan Kardec: "Todas as paixões têm seu princípio num sentimento, ou numa necessidade natural. O princípio das paixões não é, assim,

---

[1] *O livro dos espíritos* – questão 907.
[2] Ibidem.

um mal, pois que assenta numa das condições providenciais da nossa existência. A paixão propriamente dita é a exageração de uma necessidade ou de um sentimento. Está no excesso e não na causa e este excesso se torna um mal, quando tem como consequência um mal qualquer."[3]

Seu principal reflexo na vida interior dá-se no departamento mental da imaginação, no qual está armazenada a matriz superdimensionada da imagem que fazemos de nós. A partir dessa matriz, que tem vida própria como uma segunda personalidade, processa-se e dinamiza-se todo um complexo de valores morais e afetivos que regulam a rotina de boa parte das operações psíquicas e emocionais do ser, determinando atitudes, palavras, escolhas, aspirações e gostos.

A vaidade e a indiferença, o preconceito e a presunção, o desprezo e o melindre, a pretensão e a inveja são alguns reflexos inevitáveis desse "estado orgulhoso de ser" nas ações de cada dia. E o conjunto dos hábitos derivados desses reflexos formam o que chamamos de personalismo – o estado de supervalorização do eu.

O personalismo é a expressão mais perceptível e concreta do orgulho. É a excessiva e incontrolável valorização conferida a nós mesmos levando-nos a supor termos direitos e qualidades maiores do que aquelas as quais realmente possuímos.

Traçar uma diferença entre ambos constitui um desafio para o bom observador. Digamos que enquanto o orgulho incapacita-nos para verificar as próprias imperfeições, o personalismo tem como efeito gerar ideias de que

---

[3] Idem – questão 908.

tudo aquilo que parta de nós é o melhor e mais correto. Em outras palavras, a superioridade pessoal provocada pelo sentimento de orgulho interfere na formulação de juízos. A partir disso, estipulamos concepções pessoais como verdades incontestáveis. Isso é o personalismo.

Podemos mesmo dizer que o reflexo do orgulho é um "outro eu", uma "segunda natureza" enraizada nas profundezas da subconsciência capaz de fazer-nos sentir e pensar em coisas que não correspondem ao que verdadeiramente desejamos e sentimos.

Especialmente para quantos se encontram em renovação íntima, torna-se essencial a compreensão desse tema na melhor aferição do que se passa na esfera dos pensamentos e dos impulsos, tomando por base a influência que o orgulho exerce sobre as engrenagens da vida mental.

Com razão ímpar "Um Espírito Familiar" afirmou: "Só o orgulho pode impedir que vos vejais quais realmente sois. Mas, se vós mesmos não o vedes, outros o vêem por vós."[4] Esse sentimento cria uma ilusão, uma distorção na realidade. A representação mental do que somos, gerada pelo orgulho, que quase sempre atende a interesses personalistas, pode ser considerada como uma verdadeira patologia. Aliás, os estudiosos das ciências psíquicas, quando tomam por fundamento o ego na explicação de muitas doenças, o fazem com sensatez, porque as enfermidades mentais encontram razoáveis explicações nesse enfoque. Quanto mais ausência de

---

[4] *O livro dos médiuns* – cap. 31 – item 4.

controle sobre essa "paixão narcisista", mais haverá desconexão com a realidade.

Pensando bem, a maioria de nós, considerados normais, vivemos lampejos de "loucura passageira" na imaginação fértil e desordenada na qual, muitas vezes, embrenhamos ante os acontecimentos do dia a dia. O orgulhoso, dessa forma, vive intensamente de máscaras que correspondem a essas idealizações do seu imaginário, para fazer com que o mundo à sua volta acredite que ele seja quem ele próprio acredita ser. Naturalmente, como sempre, a sua autoimagem é exacerbada em qualidades que nem sempre possui, procedendo de modo a sempre esconder as imperfeições, gerando a dissimulação.

A dissimulação é o preço elevado que paga o orgulhoso para manter as aparências. Trata-se de uma inaceitação de suas sombras interiores, uma necessidade obsessiva e neurotizante de manter um status, para evitar críticas ou para não perder sua suposta "autoridade". Isso causa muita dor aos orgulhosos, pois não há como "maquiar" para si mesmo a verdade de seu mundo interior. A todo instante está diante daquilo que não gostaria de ver em si. Somente ele, e mais ninguém, sabe como é doloroso ter que encontrar consigo, com sua verdade pessoal em contraposição à "identidade fictícia" que criou para os outros, e sob a regência da qual passa a viver. Até mesmo as doenças costumam ser ocultadas pelo orgulhoso; para ele isso é um código de fragilidade que não pode ser revelado. Essa dissimulação é desgastante e é uma das expressões mais comuns da personalidade orgulhosa.

Nesse quadro de teatralizar papéis, em regime de condicionamento milenar, ocorre um leque de prejuízos para a organização mental da criatura, porque a mente implementa uma rotina de manutenção dessa "falsa personalidade" impedindo uma análise fiel da realidade profunda de si mesma, conforme explica o codificador no estudo das obsessões: "Todas as imperfeições morais são outras tantas portas abertas ao acesso dos maus Espíritos. A que, porém, eles exploram com mais habilidade é o orgulho, porque é a que a criatura menos confessa a si mesma."[5] O orgulho tem esse mecanismo de produzir uma ilusão da avaliação individual, transferindo o mal para os outros, onde é menos penoso verificá-lo.

Como se trata de alguém que quer sempre manter um perfil perante os demais, o orgulhoso enfrenta sérios obstáculos nos relacionamentos por habituar-se aos estereótipos. Os estereótipos, ou padrões e critérios de conduta social, funcionam como "boias demarcatórias" para que o orgulhoso navegue com seu conceito de segurança no mar da vida interpessoal, mantendo aparências e impressionando o meio. Para isso, adota concepções prévias sobre o outro como forma de identificação, com as quais estabelece seus limites em relação às pessoas, impedindo-se de ser assertivo, espontâneo e autêntico nas ligações humanas, tendo como único objetivo manter sua suposta superioridade pessoal, insuflada pela força do orgulho.

Suas manifestações são tão variáveis e de difícil catalogação, em algumas personalidades, que analisaremos apenas algumas legendas a fim de ampliar nossas anotações nesse estudo, destacando seus respectivos roteiros reeducativos:

---
[5] *O livro dos médiuns* – cap. 20 – item 228.

- Melindre é o orgulho na mágoa. Cultivemos a coragem de sermos criticados.

- Pretensão é o orgulho nas aspirações. Aprendamos a contentar com a alegria de trabalhar, sem expectativas pessoais.

- Presunção é o orgulho no saber. Tomemos por divisa que toda opinião deve ser escutada com o desejo de aprender.

- Preconceito é o orgulho nas concepções. Habituemos a manter análises imparciais e flexíveis.

- Indiferença é o orgulho na sensibilidade. Adotemos a aceitação e respeito em todas as ocasiões de êxitos e insucessos alheios.

- Desprezo é o orgulho no entendimento. Acostumemos a pensar que para Deus tudo tem valor, mesmo que por agora não o compreendamos.

- Personalismo é o orgulho centrado no eu. Eduquemos a abnegação nas atitudes.

- Vaidade é o orgulho do que se imagina ser. Procuremos conhecer a nós mesmos e ter coragem para aceitarmo-nos tais quais somos, fazendo o melhor que pudermos na melhoria pessoal.

- Inveja é o orgulho perante as vitórias alheias. Admitamos que temos esse sentimento e o enfrentemos com dignidade e humildade.

- Falsa modéstia é orgulho da "humildade artificial". Esforcemos pela simplicidade que vem da alma sem querer impressionar.

- Prepotência é o orgulho de poder. Aprendamos o poder interior conosco mesmo transformando a prepotência em autoridade.

- Dissimulação é o orgulho nas aparências. Esforcemos por ser quem somos, sem receios, amando-nos como somos.

A reeducação moral através das reencarnações nos levará a renovar esse quadro de penúria espiritual da Terra, sob a escravização das sombrias manifestações orgulhosas.

Estamos todos, encarnados e desencarnados, nessa busca de superação e enfrentamento com as nossas imperfeições milenares, e não será num salto que venceremos a grande e demorada luta. Apliquemo-nos nas preciosas e universais lições de Jesus, iluminadas pelos raios da lógica espírita, e esforcemo-nos sem desistir da longa caminhada na conquista da humildade.

Precisaremos de muita coragem para sermos humildes, para ser o que somos.

Ser humilde é tirar as capas que colocamos com o orgulho ao longo dessa caminhada.

Capítulo 4

Informar e conscientizar

"A todos os homens facultou Deus os meios de conhecerem sua lei?
Todos podem conhecê-la, mas nem todos a compreendem.
Os homens de bem e os que se decidem a investigá-la são os que melhor a compreendem. Todos, entretanto, a compreenderão um dia, porquanto forçoso é que o progresso se efetue."

O livro dos espíritos – questão 619.

Jesus estabeleceu o ensinamento: "conhecereis a Verdade e ela vos libertará"[1]. Vários corações carregados de nobres intenções ventilam, a partir desse ensino, uma interpretação um tanto discriminatória ao afirmarem que a Verdade, nesse caso, seria o Espiritismo. Se bastasse conhecer a Verdade Espírita estaríamos, então, todos os que travaram contato com ela, em plenitude e paz, experimentando a liberdade. Porém, parece que não é bem assim...

A Verdade que conheceremos e nos libertará será sempre a Verdade sobre nós mesmos, e a Doutrina será uma senda segura para a aquisição dessa conquista na alma: a consciência de si que nos ensejará elementos para transitar na evolução com felicidade.

O Espiritismo é meio; a educação Divina é fim.

Conscientizar é tomar contato com os conteúdos velados da mente estabelecendo conexão com o ser divino que há em nós. Tomemos como exemplo o orgulho: sabemos que somos orgulhosos, estamos informados disso, mas não temos consciência plena de suas manifestações, dos detalhes de sua ação. Essa é a diferença entre conhecer e saber.

A conscientização surge quando aprendemos a utilizar a informação para a transformação.

---

[1] João 8:32.

A informação é atividade cognitiva que só abrirá portas para a conscientização quando houver a contribuição dos processos renovadores da sensibilidade humana.

O conhecimento é capaz de acionar desejos novos, excitar planos e mudanças, mas somente o sentimento é capaz de movimentar a vontade firme para manter e concretizar caminhos novos.

Como candidatos à melhora espiritual, torna-se imperioso habituarmo-nos à constante lealdade consciencial, a fim de exercer avaliações sobre qual é nossa verdadeira condição espiritual. Estamos apenas informados ou já temos escalado o íngreme monte da conscientização? Apenas repetimos textos e princípios ou já nos esforçamos por absorvê-los nas particularidades da vivência? Apenas estudamos ou já nos habilitamos ao serviço desafiante de descobrir na existência como usar o tesouro da cultura para o crescimento?

Uma criatura informada poderá alçar amplos voos nas realizações do bem, entretanto, somente os conscientizados saberão como usar essas realizações para sua libertação pessoal.

O Espiritismo é precioso tesouro de paz. Sua mensagem é um horizonte de esperança que se abre para os perdidos e aflitos da humanidade. Compete ao esforço individual o mérito das conquistas que surgirão quando o homem deixar os domínios da crença contemplativa e das convenções religiosistas, passando a operar, decisivamente, na formação de novos hábitos através da autoeducação persistente e valorosa.

A Terra é fecunda em informações sobre a existência de Deus. Resta agora sentir Deus, compreendê-lo. Nas esferas abençoadas do Espiritismo, igualmente, cuidemos para não empanturrar o cérebro e esquecer de digerir com o coração.

Conhecer não basta, é necessário transformar-se para melhor.

Conhecer é ter opções, mas só a conscientização oferece respostas.

Conhecer auxilia, conscientizar é caminho para ser feliz.

A dicotomia íntima entre conhecimento espiritual e realidade pode provocar severas lutas no aprimoramento pessoal. A esse respeito chamamos a atenção para uma reflexão sobre a urgência de investigarmos cuidadosamente os estudos doutrinários, adequando-os sempre ao mundo dos sentidos individuais, instaurando o construtivismo moral, usando a flexibilização nos conteúdos, aprendendo a problematizar ao invés de colecionar respostas prontas, acostumando-se mais a reciclar que repetir padrões, desafiando o mundo das descobertas.

Esse construtivismo moral se viabilizará pela instauração de grupos pequenos que aprendem a se amar e respeitar, nos quais se possa falar das singularidades, dos sentimentos, da formação pessoal de vida, suas lutas, seus conflitos, buscando todos juntos, pelas vias da solidariedade e da fraternidade, os caminhos morais nobres, fazendo descobertas sobre os valores humanos, aliviando as dores íntimas e encontrando respostas para nossas angústias.

Para isso, é imperativa a renovação pedagógica dos métodos que exigirão muita humildade e acendrada disposição de aprender, principalmente, da parte de quem guarda maior lastro na experiência da espiritualização.

Em suma, constata-se claramente que a informação espírita é luz que se acende, contudo, manter-se na luz é uma questão de consciência e sentimento renovado.

Informados já estamos, falta-nos agora sentir o que já sabemos, porque sem sentir jamais adquiriremos a base evolutiva da conscientização: a compreensão, conforme assinalam os Bons Espíritos na referência de apoio acima.

"Ai de nós se continuarmos encantados com a desenvoltura individual nessas tarefas, aguardando privilégios diante da morte!"

Capítulo 5

Confessai-vos uns aos outros

"Confessai as vossas culpas uns aos outros, e orai uns pelos outros, para que sareis;"

Tiago, 5:16.

O admirável trabalhador espírita da cidade de Belo Horizonte, Mauro Albino, entregou-nos oportunamente valoroso relato e solicitou-nos enviá-lo aos amigos reencarnados quando oportuno. Considerando o pedido de nosso amigo e o valor de sua oferenda, transmitimos as suas palavras conforme o texto que nos fora passado:

"As inesgotáveis lições do mundo dos espíritos inebriavam minha vontade de aprender. Fazíamos visitações de aprendizado junto aos celeiros da Verdade espírita. Certa feita, Albertino, meu instrutor, levou-me a singelo grupo espírita nas cercanias da capital mineira.

Bem antes de alcançarmos as terras das alterosas, via-se a luz espiritual daquele recinto de amor a longa distância.

Faltavam dez minutos para as vinte horas quando adentramos o centro espírita.

Era intensa a movimentação em ambos os planos. Em uma saleta mais resguardada, vimos o irmão Santos, presidente daquela agremiação, em sentida prece a Jesus pelas tarefas da noite. Logo após, expediu normas à pequena equipe de atendentes para os serviços do diálogo fraterno que se iniciaria. Nosso irmão Santos apresentava um halo reluzente que denotava paz e equilíbrio interior.

Todos saíram para seus respectivos locais de atendimento. Diminutas cabines dispostas em linha reta compunham o espaço reservado ao serviço da caridade.

Ali seria dispensado o conforto e o alívio para as dores de muitos em prova.

Acompanhamos o irmão Santos à sua cabine. Permanecemos em silêncio e introspecção. Diversas companhias espirituais se lhe sintonizaram mentalmente e nos saudaram discretas, porém, atenciosas.

Entrou então a primeira assistida. Era uma mulher jovem e bela. Indagada sobre os motivos que a conduziram até ali, ela não titubeou.

— Venho aqui porque sou uma mulher infeliz. Desde a infância apresento comportamento estranho. Meu pai, a quem tanto amava, partiu cedo. Na juventude veio a orfandade e muito imatura, aos 23 anos, desposei um homem viciado e leviano. Já havia sofrido o bastante para continuar com desejo de viver. Separamo-nos e a partir de então comecei a desalinhar-me no comportamento afetivo. Por onde andasse era como se uma "vontade alheia" invadisse-me, inclinando meus desejos para a irresponsabilidade. Ocasionalmente, persegui afoita e secretamente um homem comprometido até conquistar-lhe o interesse...

— Compreendo minha irmã, compreendo... – dizia o atendente com muito carinho.

Fomos observando o atendimento e, na medida em que a jovem utilizava-se da sinceridade, a luminosidade de Santos reduzia-se. Os protetores tomavam providências de cautela e Albertino rogou-me a prece sustentadora. Apesar de minha inexperiência, percebi que se tratava de um momento inesperado.

A conversa, pouco a pouco, tomava rumos inconvenientes e Santos, num ato de invigilância, permitiu-se o descuido da curiosidade antifraternal, envolvendo-se em detalhes dispensáveis do drama da enferma à sua frente.

Após o diálogo, o dirigente encaminhou-a ao passe e permaneceu na saleta a pensar. Constatamos que o halo luminoso de antes havia diminuído em intensidade, seus pensamentos estavam em intensa perturbação. Aguçamos um tanto mais os "ouvidos mentais" sob o apelo de Albertino e pudemos perceber com nitidez a gravidade de sua tormenta interior. Dizia para consigo mesmo:

— Jesus, por que o Senhor faz isso comigo? Como posso resistir a semelhante tentação? Perdoe-me, mas tenho minhas necessidades!... Estou confuso e fraco. Não consigo resistir!

Ele havia se envolvido incontrolavelmente com a bela jovem. Permitiu-se sonhos de ventura e paixão, enquanto ouvia a dor alheia, e, num impulso infantil, mas demonstrando uma fachada de tranquilidade, atravessou todas as dependências da instituição em passo apressado e foi até a sala dos passes, carregando enorme desespero e lascívia. Apenas queria fruir o prazer de vê-la outra vez.

No entanto, ela já não se encontrava mais lá; optou por não tomar o passe e retornou a seu lar.

Terminada a tarefa, seguimos o dedicado servidor até a sua residência. Esquivou-se dos cumprimentos de cordialidade, deixando seus familiares atônitos e trancou-se em seu escritório particular, recusando a conversa e a convivência. Durante toda a noite somente um pensamento saltava em sua mente: "cuidaria especialmente daquele caso". Seu coração carente povoava-se de sentimentos inconfessáveis... Santos era um pai de três filhos lindos e sua esposa, Ana, era responsável pela creche na casa em que serviam. Era uma família feliz.

Albertino mostrou-me ao longo dos dias seguintes os quadros mentais enfermiços suscetíveis de ocorrer com qualquer trabalhador do Cristo, desde que deixasse de manter sua ligação com as fontes de sustentação da providência divina.

A jovem retornaria na semana posterior, contudo, face ao desequilíbrio de Santos, a equipe espiritual daquela casa providenciou-lhe outros caminhos de amparo para evitar o pior.

Curioso e surpreso, como de costume, ante às realidades que se antepunham às novas vivências como recém-desencarnado, perguntei a Albertino:

— Mas como pode alguém atuar em nome do amor e ficar vulnerável a esse ponto? Por que não houve uma intercessão para socorrer o irmão presidente? Seria justo permanecer nesse estado, tomando por base que estava socorrendo nossa irmã em nome do Cristo?

— Mauro, nosso companheiro é um reincidente contumaz. Sua invigilância vem agravando-se a bom tempo. Como ninguém lhe supervisiona os atos, considerando que ele é o "supervisor" de todos na condição de dirigente, ele fica à mercê de suas limitações. Não tendo quem possa lhe ouvir ou não querendo abrir-se para o diálogo sincero com quem vote confiança, enfraquece-se em lamentável crise de sigilo mantendo a fachada do bom espírita, porém solitário e cansado em suas lutas. O amparo tem-lhe sido constante, mas seu comportamento desalinha-se dia após dia em direção ao inevitável. O trabalhador do Cristo em qualquer posição que se encontre necessita assumir sua condição de doente e pedir ajuda. Entretanto, nosso irmão Santos iludiu-se com o teste das aparências e submeteu-se à ilusão da sublimidade de fachada, evitando dividir seus conflitos e sombras com quem quer que seja. Considerava consigo próprio que na condição de presidente não deveria sentir os dramas por que passa, sua tarefa e obrigação era ajudar e tinha tudo para não sentir mais os apelos e conflitos que carregava.

A lição oportuna foi arquivada. Depois disso fizemos diversas excursões educativas e constatei que na coletividade espírita, o caso do Santos é um mal de proporções mais avantajadas do que podíamos imaginar. Há uma crise de sigilo por parte daqueles que orientam e conduzem diversas células do Espiritismo cristão, sustentada pelo orgulho, em nome de uma autoridade imposta pelos cargos ou responsabilidades assumidas na escola do centro espírita.

Ante a proporção dessa questão, resolvemos por transmitir aos irmãos domiciliados na carne o apelo para a formação de grupos mais amigos e condutores um tanto mais humildes, em favor de si mesmos.

Ninguém perde autoridade por se revelar nos esforços íntimos para superação de suas tendências. Esse sigilo é pasto para a obsessão e o desequilíbrio. É o velho bote do orgulho em criar uma imagem supervalorizada de si mesmo, como se a expressividade nas tarefas espíritas fosse sinônimo de grandeza espiritual, quando o verdadeiro traço que revela essa grandeza é a humildade em sermos o que verdadeiramente somos, fazendo-nos aceitos e respeitados, mesmo com as limitações a depurar.

O dirigente cristão e espírita deve ser autêntico sem ser inconveniente. Deve falar de suas lutas como o doente em busca da recuperação. Ter mais atenção, enquanto nas experiências físicas, a fim de não ter que penetrar o mundo interior em situações constrangedoras nas esferas inferiores da morte. Dispensar os adereços do orgulho com os quais se pretende projetar uma imagem de grandeza será alívio e vigilância a caminho da felicidade e da perfeição."

*****

Amigos da liderança espírita,

Estejamos atentos ao apelo sábio e generoso de nosso companheiro Mauro Albino.

As fileiras espíritas têm sido atacadas por essa infestação moral de vergonha em compartilhar necessidades íntimas com fins reeducativos através do diálogo construtivo, criando uma lamentável epidemia de sigilo e omissão acerca das realidades profundas da alma. Tratamos pouco ou nada de nossos conflitos, destinando largo tempo para falar dos outros, detectando problemas fora de nós em razão de ser doloroso o autoenfrentamento.

Evitamos o autoencontro permanecendo nas adjacências dos problemas, canonizando critérios de melhoria e crescimento espiritual que andam muito distantes das credenciais registradas por Jesus, como se as tarefas das quais participamos fossem termômetros da nossa elevação espiritual. Confundimos com frequência a disciplina com iluminação. Somos todos candidatos ao bem, mas ainda não o trazemos de todo no coração, a despeito das nossas excelentes "folhas de serviço" à causa.

Mediunidade nobre, cargos de destaque, livros consoladores, obras de caridade, oratória fluente são recursos didáticos de autoaperfeiçoamento e não atestados de competência de virtudes que supomos já possuir.

Ai de nós se continuarmos encantados com a desenvoltura individual nessas tarefas, aguardando privilégios diante da morte!

Vejamo-las sim como oportunidades e não espaços para impressionar com o falso "missionarismo".

O labor espírita é campo de treino, enfermaria de recuperação na qual devemos nos aplicar com muita humildade, por mais bagagem adquirida, agindo como doentes em busca de sua alta médica.

Incontestavelmente, assumir essa posição não significa perder autoridade e sim ganhá-la, além do que estaremos nos aliviando de um fardo desnecessário imposto pela vaidade em querer ser o que achamos que devemos ser, mas ainda não damos conta.

Ser autêntico e esforçar-se por melhorar é trilha segura em direção à felicidade definitiva.

Capítulo 6

Inteligência intrapessoal

"Em que consiste a felicidade dos bons Espíritos?
Em conhecerem todas as coisas; (...)

O livro dos espíritos – questão 967.

O estudo dos pilares básicos da boa convivência é como janela que se abre para o grande sol da experiência e da felicidade.

Conviver é possibilidade conferida a todos; a boa convivência, porém, é para quem deseja crescer e educar-se.

Boa convivência não é somente polidez social. Destacamos como pilares dessa arte de relacionar o autoamor, o autoconhecimento, o afeto e a ética.

Estudemos alguns ângulos do amor a si mesmo por se tratar de pilar mestre das relações saudáveis, duradouras e gratificantes. Sem conviver bem consigo, amando-se, não haverá harmonia nas interações humanas com o outro.

A vida que nos circunda é rica de elementos indutores do mundo íntimo; nenhum deles, porém, é tão expressivo quanto o contato interpessoal. Respostas emocionais são acionadas a partir da convivência, desenvolvendo um novo mundo de sentidos para quem dela faz parte.

Renova-se a criatura a cada novo contato, cada episódio da interação humana é um convite ao crescimento, ao estabelecimento de novos valores na intimidade. Mesmo os desacordos e desencontros constituem escolas oportunas de reflexão e reavaliação da vida pessoal.

Analisemos um fato ilustrativo da rotina humana: um coração amigo, em um momento de atribulação íntima, discutia celebremente com as imagens mentais que formulava acerca de um ente querido de sua convivência. Envolvido em suas mentalizações, discutia, revidava, e era tão descontrolado o seu estado emocional que gesticulava mãos e rosto sem se dar conta de que as pessoas à sua volta lhe observavam, uns com preocupação, outros com chacota... Ele estava em plena fila de um banco para quitar uma conta telefônica...

Esse tem sido um quadro comum, o retrato fiel de como lidamos conosco em relação aos outros – um dos pilares da boa convivência, senão o principal. Nesse caso, o companheiro estava em litígio com os seus próprios sentimentos relativamente a alguém. Era uma "briga mental".

Esse estado de ensimesmamento – a vivência mental das relações – tem sido uma tônica dos dias atuais, face ao contínuo mascarar do mundo íntimo que o homem moderno tem se imposto na garantia da satisfação de seus fins em sociedade. Nem sempre podendo externar o que sente passa a formular para si mesmo o que gostaria de expressar a outrem ante as pressões internas das discordâncias, das irritações, das traições, dos gestos impensados e de tantos outros lances dos conflitos do relacionamento.

A questão em análise é fundamental para o entendimento dos laços que construímos com as pessoas de nossa rotina diária.

O problema não é como convivemos com o outro, mas sim como convivemos com o que sentimos e pensamos em relação ao outro.

Por isso a boa convivência consigo mesmo é o princípio seguro de equilíbrio para uma interação proveitosa. Tal princípio consagra a necessidade de revermos os males da convivência, prioritariamente, em nós mesmos, antes de quaisquer cobranças ou transferências de responsabilidade. É o imperativo de estabelecermos acordos conosco a partir de um balanço e avaliação sobre tudo que envolva os atos que nos vinculam a esse ou aquele coração. Ainda que alguém divida conosco a rotina dos dias ou as circunstâncias passageiras e seja necessitado de corretivo, precisamos habituar a sondar as nossas disposições íntimas antes de qualquer investimento no outro; estar consciencialmente ajustado para somente depois partir de forma elevada em direção às necessidades do crescimento alheio, pois do contrário perdemos a autoridade e o controle necessários para sermos agente de educação e alerta para o próximo.

Consideremos ainda que muitas vezes, após nossos autoexames, poderemos perceber mais claramente a necessidade de mudança, tão somente, em nossos atos e decisões. O descuido nesse setor da conduta nos leva a detectar obstáculos somente na órbita dos que partilham conosco as vivências, cegando-nos para as descobertas extraordinárias que poderíamos fazer sobre nós próprios, quando nos dispomos ao mergulho no estudo das nossas reações, uns frente aos outros.

Essa postura é a bússola das relações indicando-nos a hora de calar, o momento de agir, o instante de corrigir, a ocasião de discordar e o ensejo de tolerar. Leis que conduzem-na ao patamar da caridade.

Essa interiorização, estudada pelas modernas ciências psicológicas, recebe o nome de Inteligência Intrapessoal, competência pela qual dominamos amplos campos de habilidades como a empatia, a assertividade e a autorrevelação.

A socialização, princípio contido nas Leis Naturais, estabelece o encontro das singularidades humanas, objetivando sobretudo essa viagem à intimidade da individualidade. Quanto mais penetrarmos nesse caminho educativo, mais rápido identificaremos as razões das disputas do relacionamento, conquistando paz e alegria nas relações, visão e equilíbrio para conosco.

Face ao exposto, conclui-se sobre a indeclinável necessidade de avaliações permanentes no trabalho da autodescoberta, estudando os reflexos perturbantes das relações que edificamos, a fim de avaliarmos com exatidão a origem de nossas reações.

Destacando o mal no outro, ativamos fios magnéticos de atração que nos ligam a essa energia que passamos a consumir e digerir no campo mental, detonando a crise íntima que poderá ser sustentada por adversários espirituais astutos. Dessa forma, mantemo-nos apegados à sombra de nós mesmos, e sempre incitamos maus sentimentos com os quais enveredamos pelos desencontros e aborrecimentos da convivência, porque sempre estaremos propensos a focar o negativo, as imperfeições.

A opressão dos conflitos é mantenedora da fuga de si mesmo, e o autoamor somente ocorrerá quando nos dispormos ao autoencontro, à redefinição da autoimagem que oculta mazelas, à retirada da máscara: voltar o espelho da mente para si, numa interiorização.

Estar bem consigo é pilar essencial da boa convivência. Fazendo assim, partimos em direção ao próximo com o melhor de nós, aptos a vitalizar as relações com o alimento do bem e do amor, convertendo-nos em pontos de apoio irradiadores de paz e contentamento que serão fortes atrativos de enobrecimento e cooperação onde estivermos, transmitindo esperança e educação para os que se encontrem no raio de nossas ações.

Urge fazermos o aprendizado do autoamor, dialogarmos com a intimidade, indagar de nossos sentimentos a razão de sua existência, procurar os acordos íntimos. Se não aprendermos a gostar de nós, a nos aceitarmos, não conseguiremos a fluência do amor ao próximo.

Uma convivência pacífica com as imperfeições, a caridade conosco, será fonte de apaziguamento e elevadas emoções.

Nesse aprendizado espera-nos a grande lição de trabalharmos pelo desenvolvimento de nossos potenciais divinos; ao invés de ficarmos lutando contra mazelas, faremos o serviço de laborar a favor de novos valores, prestigiando o positivo. Sem querer exterminar o passado, haveremos de aprender a transformá-lo.

Esse será o iluminado labor de conquistar a nossa sombra, amando-a sem recriminações e culpas, sintonizando a mente no "ser" de luz e paz que existe embrionário em cada um dos Filhos de Deus, adentrando, definitivamente, o patamar declinado na resposta dos Sábios Guias da Humanidade a Kardec: a felicidade dos Espíritos superiores consiste em conhecerem todas as coisas, e nós inferimos: inclusive a si mesmo.

Capítulo 7

Comparações

"O orgulho vos induz a julgar-vos mais do que sois; a não suportardes uma comparação que vos possa rebaixar; a vos considerardes, ao contrário, tão acima dos vossos irmãos, quer em espírito, quer em posição social, quer mesmo em vantagens pessoais, que o menor paralelo vos irrita e aborrece. Que sucede então? - Entregais-vos à cólera."

O evangelho segundo o espiritismo – cap. 9 – item 9.

A comparação é um dos efeitos mais notáveis da presença do orgulho nas relações.

Desde as primeiras percepções infantis, o ato de comparar é uma necessidade para a aquisição da consciência. As referências paternas e maternas, inicialmente, e depois as sociais, são âncoras de desenvolvimento da personalidade. Nesse particular o afeto tem papel preponderante, porque conforme a qualidade dos sentimentos atribuídos a tudo aquilo que compõe as nossas experiências, teremos uma percepção, uma representação psicológica do mundo.

Quando o espírito já renasce com acentuada percentagem moral de orgulho e ainda encontra um ambiente que estimule as ilusões mundanas, os fatos tomam o colorido desse sentimento, com fortes conotações de interesse pessoal.

Nos relacionamentos, as comparações são muito utilizadas pelo orgulhoso com a finalidade de exacerbar seu conceito pessoal e rebaixar a importância dos demais. As comparações orgulhosas impedem relacionamentos gratificantes e duradouros, porque estabelecem uma competição íntima com os outros. O campo das suposições e da imaginação fértil alcança níveis enfermiços nesse particular. Vive-se mais o que se imagina que propriamente o que se sente. O homem aprende a cuidar da sua máscara com mais devoção que de sua realidade íntima.

O estresse é o resultado do escoamento energético que alimenta as criações e o mecanismo de defesa do orgulho.

A mídia desenvolve influente papel estimulando padrões.

O orgulho vai solidificando uma "imagem irreal" de si mesmo, mas que agrada aos interesses pessoais dentro das perspectivas de suas comparações. Já não se trata mais de referências para crescimento e sim da "formação de uma identidade psicológica fragilizada", acessível a assimilar tudo que faça a pessoa sentir-se valorizada, importante, forte, capaz...

A ausência de contato com a vida interior profunda vai fortalecendo essa "segunda natureza" que passa a regular mecanismos importantes da vida psíquica e mental. O orgulho tem essa característica de fazer a criatura acreditar no que não é. Parafraseando o codificador, digamos que é a imperfeição que a criatura menos confessa a si própria[1], por isso tem a farta possibilidade de iludir.

A excessiva preocupação com a opinião a seu respeito é uma neurose nesse tipo de situação.

As referências elogiosas a quem quer que seja são recebidas com desdém ou inveja, utilizando-se da encantada conjunção gramatical – mas – que se transformou em senha elegante para depreciar o próximo em frases inteligentes do tipo "tal companheiro é muito virtuoso, mas..."

A necessidade de diminuir o valor dos esforços alheios é um vício de proporções extraordinárias, elabo-

---

[1] *O livro dos médiuns* – cap. 20 – item 228.

rando sempre uma versão dos êxitos alheios sob o prisma da "sorte" e das facilidades como explicações para ser tão bem sucedido. O orgulho não nos permite alegrar com o sucesso alheio e suplica galardões para os sucessos pessoais, sempre dimensionados como algo para além das suas reais expressões. Em muitas dessas comparações que fazemos no intuito de tirar o brio das ações alheias, no fundo gostaríamos de ser aquela pessoa, de possuir algo que ela tem ou ser algo que ela é.

Esse sentimento de excessivo valor pessoal retira quase por completo as possibilidades da empatia e da alteridade, criando um nível acentuado de indiferença. Essa condição impede a alegria e a autenticidade nas relações deixando-nos muitas vezes carcomidos de inveja, raiva ou outras emoções perante as vitórias do próximo.

Dando exagerada importância às comparações, o orgulhoso passa a ser um fiscal dos atos alheios, procurando motivos para realçar-se e afirmar-se ante o próximo, a quem toma como um oponente, ainda que não o seja, especialmente se essa criatura pensa ou age em desacordo com suas crenças e concepções. Seu campo mental funciona como um radar em busca de um deslize ou de um episódio que fragilize seu opositor, e os julgamentos e reprimendas mentais compareçam inevitavelmente como um efeito dessa condição psíquica e emocional.

Tudo isso, porque o orgulho tem o poder de fazer-nos valorizar o que não somos, mas desejaríamos ser, levando a sentir e pensar que tudo que fazemos ou temos é melhor que o do outro.

Impermeabilidade é o que ocorre nesse quadro. Os relacionamentos com pessoas desse perfil tornam-se superficiais, elas não permitem que os outros penetrem sua intimidade verdadeira e revoltam-se contra os que lhe exortam com competência à verdade sobre si mesmos, melindrando e reagindo com veemência.

Manter aparência é muito caro e doloroso. Até mesmo nos climas espíritas verificamos alta dose dessa vivência. Começa pelo personalismo em acreditar que o caminho que seguimos, a forma como trabalhamos, os movimentos que criamos, os pensamentos que defendemos, as tarefas que fundamos, os esforços que despendemos são recordes que nunca serão alcançados por ninguém e que devem ser seguidos por todos. Há um flagrante desrespeito pelas opiniões e iniciativas alheias, repleto de indiferença e despeito. Quando não se recebe com júbilo a cooperação dos companheiros junto à seara, estamos vibrando fora da atmosfera de fraternidade e solidariedade que propõe o Espiritismo.

A reeducação desse "estado moral de orgulho" vai exigir-nos alguns quesitos.

Uma decidida viagem interior é o ponto de partida. Olhar para si, entender-se, pesquisar com minúcia, paciência e perseverança as formas de expressar do orgulho. Ouve-se com frequência nos meios doutrinários espíritas a manifestação verbal no estilo "nosso maior defeito é o orgulho e o egoísmo, disso já temos consciência"; divulga-se com risos e debochamentos essa abordagem, no entanto, poucos são os que têm penetrado o mundo oculto das tendências e automatismos para conhecer a singularidade do seu orgulho. Não existem dois orgulhos iguais. Conquanto ele possa ser definido, de forma genérica, como um sentimento de superioridade, nada além disso é idêntico em se tratando de comparar a sua forma de manifestar em cada personalidade. Temos de convir que nem sempre essa frase rotineira de nosso meio significa consciência, não passando, em algumas ocasiões, de mero chavão que causa a breve sensação de autodomínio e sabedoria. Saber onde, como, porque e quando ocorrem as manifestações dessa imperfeição é um trabalho para séculos. O importante é começar já.

A partir dessa viagem íntima é imperiosa uma vigília incansável para estabelecer atitudes que correspondam realmente ao que sentimos e somos, sem partir para os extremos da falsa modéstia, da culpa e do pieguismo. Ser o que somos é o desafio, evitando seguir os ditames da imaginação que nos inclina a fugir da realidade; romper com máscaras e formalidades desnecessárias, vivendo com espontaneidade responsável. Os exercícios da empatia no ato de aprender a ouvir o outro e da alteridade no sentimento de respeitar as diferenças do outro serão pródigos no esmaecimento dos interesses personalistas. Nada nos impede de fazer as comparações a fim de tirar algum proveito ou entender melhor nossos sentimentos, todavia, sem ilusões...

A única comparação útil e proveitosa, sob a ótica do aprendizado espiritual, é aquela que fazemos conosco, procurando sempre aferir se estamos hoje um pouco melhor em comparação ao ontem.

Capítulo 8

Credibilidade social e cidadania

"Conhecemos um senhor que foi aceito para um emprego de confiança, numa casa importante, porque era espírita sincero. Entenderam que as suas crenças eram uma garantia da sua moralidade."

O livro dos médiuns – cap. 31 – comunicação 21.

Todos somos cidadãos universais com direitos divinos e a reencarnação na Terra é a nossa participação democrática e ativa pelo bem da obra do Pai. Retornando ao planeta, além de laborar pelo crescimento pessoal, cooperamos com a colméia social onde renascemos lapidando, paulatinamente, a credibilidade.

Credibilidade é aquilo ou aquele em que se pode crer, é o espírito da confiança abrindo espaços para a ação benfazeja e a colaboração espontânea. É o traço que nos promove à condição de Herdeiros Conscientes na obra de Deus, e que nos enseja autoridade real uns perante os outros.

Confiança, porém, é tecida pelos fios morais da conduta que reflete a consciência em paz e harmonia; brota nos corações em razão das expressões de fidelidade, retidão de caráter e amorosidade qual se fosse um perfume da alma que agrada a todos e os fazem sentir bem na companhia de quem o exala.

Essa deveria ser a condição social de todo homem iluminado pelas verdades espiritistas nos campos sociais em que se encontra. O homem de bem, conforme a brilhante exposição de O evangelho segundo o espiritismo[1], deveria ser o objetivo maior de todo espírita.

---

[1] *O evangelho segundo espiritismo* – cap. 17– item 3.

No entanto, o orgulho, em suas variadas camuflagens, tem inclinado muitas almas desavisadas a outra espécie de atitude ante os chamados para o serviço nas coletividades de sua participação. Tomadas de ufanismo esperam a atenção e o crédito alheio nas suas ideias externadas com certa dose de fanatismo como se fossem, em si mesmas, depositárias de "grande revelação", sentindo-se agraciados com a missão de converter.

Ufanismo é uma palavra que define o orgulho ou a vaidade desmedida que temos de algo. Seria, portanto, um contrassenso guardarmos qualquer tipo de ufanismo com o Espiritismo, considerando que a sua meta essencial é "destruir o materialismo, fruto do orgulho e do egoísmo, e demonstrar aos homens onde se encontram seus verdadeiros interesses."[2]

Muitas mentes ainda se ocupam com as manifestações afetivas de orgulho em função da grandeza da doutrina, cultivando fantasias originadas de velhos hábitos religiosistas de supremacia, disseminando concepções de transformação para o mundo, como se a Verdade fosse "propriedade" exclusiva dos domínios onde labutam, não distanciando muito dos gestos de catequese e louvor exterior. Detentoras de novos conhecimentos obtidos na literatura doutrinária ou nas palestras esclarecedoras, surpreendem-se com a lógica e grandeza das novas realidades e logo sentem incontida necessidade de passar a outrem as belezas que presenciou.

De forma alguma devemos repreender o gesto saudável de dividir o conhecimento espírita, contudo,

---
[2] *O livro dos espíritos* – questão 799.

devemos estar atentos na forma como o fazemos. Estamos compartilhando algo que está sendo significativo e valoroso para nós ou o que julgamos ser necessário para o outro?

Esse ato com feições de generosidade e amor, em muitos aspectos, é a clara manifestação de intenções partidárias de muitos irmãos ainda afeitos ao religiosismo, acreditando que as respostas que lhes servem, igualmente servirão para todos.

Esse sutil ufanismo ronda as esferas doutrinárias quando se crê, com a melhor das intenções, que a Revelação Espírita é a "única" estrada de acesso para a libertação do homem junto aos cativeiros das expiações terrenas. Semelhante concepção tem determinado uma "ética de enclausuramento" que alimenta as expectativas de boa parte de companheiros de ideal, levando a crer que a sociedade necessita da crença espírita nos moldes em que a defendemos, caso pretendam livrar-se das dificuldades de todos os matizes e adquirirem a felicidade. Pregam a felicidade e apontam rumos, aliviando o outro com a tese de que em Espiritismo não se cobra valores financeiros pelos bens espirituais, incentivando a procura e a adesão como se angariasse um fiel para a salvação, despreocupando em confortar as chagas e ser o mensageiro da doutrina em si próprio, para com aquele que sofre e necessita de arrimo.

Essa "ética de reclusão" enseja uma quase "alienação" dos centros espíritas junto aos problemas sociais, porque destaca-se como vantajoso e correto que a sociedade busque o centro e não o inverso.

Forma-se assim uma linguagem, um discurso estereotipado com sugestões derivadas dessa atitude ufanista como a de solicitar ao recém-chegado que deixe a sua religião para poder frequentar a casa espírita, ou ainda que abdique de novenas e hábitos de adoração por não condizerem com o "estereótipo espírita"; ou mesmo na formulação de teses sobre carmas e mediunidade a desenvolver como se fossem "senhas de aceitação e batismo" do novo aprendiz nas atividades doutrinárias.

O Espiritismo se tornaria uma crença geral e não uma religião geral, asseveraram os Sábios Guias ao codificador.[3] Por sua vez, Allan Kardec estabeleceu: "O Espiritismo não cria a renovação social; a madureza da Humanidade é que fará dessa renovação uma necessidade. Pelo seu poder moralizador, por suas tendências progressistas, pela amplitude de suas vistas, pela generalidade das questões que abrange, o Espiritismo é mais apto, do que qualquer outra doutrina, a secundar o movimento de regeneração."[4] O papel do Espiritismo, fica bem claro, é secundar, ou seja, coadjuvar o movimento regenerador da humanidade.

Grande decepção será pernoitar nesse ufanismo doutrinário e acordar nas paragens extrafísicas com a dura realidade de nossa condição espiritual, quando então será constatado que incontáveis almas vitoriosas e felizes jamais ouviram falar em Espiritismo, porque serviram única e exclusivamente à religião cósmica da caridade: o amor.

---

[3] *O livro dos espíritos* – questão 798.
[4] *A gênese* – capítulo 18 – item 25.

O amor é o movimento que nos importa acima de quaisquer princípios ou ideias. Credibilidade só pode ser adquirida pela alma que ama, e não por credenciais exteriores de adesão a grupos ou movimentos nos fins de semana.

Mormente nesse momento em que a Terra descortina novos horizontes para o incomum, o místico, o insondável, o tema espiritualidade tornou-se encantador, atraente; e o espiritismo está em evidência social nos cinemas ou novelas, jornalismo e revistas do mundo inteiro.

Mas espiritualidade é tesouro de muitos povos e culturas em todos os tempos. Deter-se em comparar o Espiritismo com tais escolas do mundo, ressaltando-lhe a grandeza e confinando tais conquistas evolutivas a paredes ideológicas seguidas de velhas posturas de conversão em massa, é vaidade e invigilância declarada.

A renovação social surge da intimidade. Bem enfocou o senhor Allan Kardec, o sociólogo da Era do Espírito, quando disse:

> "'O Espiritismo não cria a renovação social; a madureza da Humanidade é que fará dessa renovação uma necessidade. E essa madureza vem se operando, ato contínuo, enquanto ficamos nas 'janelas de nossas agremiações' esperando que o mundo se converta ao Espiritismo, assemelhando-se à figura lendária Rapunzel, deixando crescer longas tranças de prepotência, enunciando frases do tipo: 'o Espiritismo explica tudo, tem resposta para tudo há mais de um século!'"

O papel da Doutrina dos Espíritos não é criar uma cultura que transforme o mundo, mas avalizar as conquistas da ciência humana e cooperar para destiná-las ao conceito de Deus, da imortalidade, da reencarnação, do intercâmbio entre os mundos, da pluralidade de vidas nos orbes, dilatando a visão caótica do materialismo e apresentando ao ser humano a visão sistêmica do universo em sua imensurável plenitude. A partir dessa concepção, a outra finalidade do Espiritismo é convocar o homem a remodelar seu comportamento ante essa ordem celeste que vigora em todo lugar, e capacitá-lo para assumir sua destinação divina e gloriosa de cocriador, onde e como se encontrar, através da educação de si mesmo na direção da formação do homem de bem. Nesse contexto, ser espírita ou não ser, dentro dos padrões do "espiritismo dos homens", pouca importância tem para o processo renovador da humanidade, porque o que importa é que ele, o cidadão social, aprenda a se tornar um cidadão universal através da aquisição de uma cosmovisão, talhada nos conceitos transcendentais da existência.

Longe de sermões e puritanismo estéril, a credibilidade do espírita será aferida pela sua postura cidadã e moralizadora, com responsabilidade social e ação pró-ativa junto às comunidades onde foi chamado a servir, respeitando cada criatura com suas singularidades e sendo o fermento que leveda e transforma pela força da vivência íntegra, lúcida e amorosa, sem preconceitos que impeçam sua proximidade da dor alheia e sem medo que o aprisionem a aceitar as diferenças e os diferentes dentro de suas singularidades.

---
[5] Mateus 20:26.

O próprio Cristo disse que o maior seria aquele que mais servisse.⁵ E para servir não podemos desdenhar a cooperação comunitária, os projetos de ação, a disposição de levar o saber espírita de forma declaradamente contextualizada e dinâmica, mais pela conduta que pelas pregações.

A cidadania do verdadeiro espírita, conforme testemunho anotado em nossa referência de apoio, será a credibilidade que vai angariar com sua postura moral de irrestrito respeito aos esforços humanos, de qualquer natureza.

Espera-se, portanto, sua integração harmônica e parceira com esses esforços, e, sobretudo, com a transformação de si mesmo em um homem melhor e mais benigno ao engenho social, florindo onde foi plantado, seja em que condição for.

Capítulo 9

Carmas imaginários

"Já desde esta vida poderemos ir resgatando as nossas faltas?
Sim, reparando-as. Mas, não creiais que as resgateis mediante algumas privações pueris, ou distribuindo em esmolas o que possuirdes, depois que morrerdes, quando de nada mais precisais. Deus não dá valor a um arrependimento estéril, sempre fácil e que apenas custa o esforço de bater no peito. A perda de um dedo mínimo, quando se esteja prestando um serviço, apaga mais faltas do que o suplício da carne suportado durante anos, com objetivo exclusivamente pessoal. (726)
Só por meio do bem se repara o mal e a reparação nenhum mérito apresenta, se não atinge o homem nem no seu orgulho, nem nos seus interesses materiais."

O livro dos espíritos – questão 1000.

A palavra carma, cuja origem do Sânscrito significa ação, tomou no ocidente a conotação cultural-religiosa de destino traçado e imutável, servindo para designar as coisas ruins que podem acontecer a alguém em razão de erros perpetrados em outras existências carnais.

O perfil psicológico do desmerecimento e do pecado, ainda tão presentes na mentalidade dos povos, generalizou crenças em torno da ideia do carma que aumentam a infelicidade humana através de pensamentos destituídos de bom senso e amparo na razão.

Seu conceito, principalmente entre os espíritas, costuma estar amplamente associado ao sofrimento ou algo que não aceitamos e somos obrigados a tolerar, por tratar-se de um débito que assumimos antes de renascer fisicamente.

Assinala-se com base em trechos da codificação que o sentido existencial da reencarnação é "pagar dívidas", "resgatar crimes", construindo assim um enfoque pessimista e aterrorizante para a filosofia espírita em função de interpretações errôneas ao sabor do desamor e da punição. A pior consequência dessa forma de entendimento é o cultivo da dor como mecanismo de evolução e crescimento, gerando um clima de tristeza regado pela cultura do "não merecimento". Diz-se que "é necessário tolerar com resignação todas as provas" e adota-se uma postura de incondicional passividade ante as lutas, usando de "tolerância orgulhosa" ante as infelicidades da vida. Entre pessoas que vivem nesse regime, a dor assume a feição de um "troféu" importante de se exibir, e passa a ser "heróico" falar da quantidade de dificuldades para dar a impressão do tamanho do carma. É um fenômeno comportamental sui generis, porque, em verdade, é mais uma faceta da vaidade que teima em se manifestar ostentando, subliminarmente, a elevação espiritual que lograra essa criatura logo ao desencarnar, já que se convencionou a ideia de que "quanto mais sofre, mais espiritualizado estará."

Essa perspectiva nada tem a ver com a autêntica revelação espírita que foi trazida ao mundo para consolar e libertar, objetivando oferecer ao homem os recursos para trabalhar por sua felicidade. A codificação é um conjunto e se analisarmos trechos isolados, faremos análises precipitadas.

Essa postura de resignação passiva é herança religiosista proveniente da formação dos últimos milênios, na qual estipulou-se o conceito do "eu pecador" na desvalorização do homem perante Deus e o mundo, inserindo a culpa e a ausência de méritos como os valores a serem cultuados.

Os reflexos desse estado psicológico fazem-se sentir através do perfeccionismo, da autopunição, das cobranças exacerbadas e da inaceitação de si mesmo.

A sabedoria do Espírito Verdade vem em nosso socorro quando diz: "Só por meio do bem se repara o mal e a reparação nenhum mérito apresenta, se não atinge o homem nem no seu orgulho, nem nos seus interesses materiais."

Existem muitos corações respirando nesse regime de dor como fonte de salvação, que se encontram revoltados, inconformados, odientos e prestes a cometer um mau ato, alimentando a infeliz concepção de que estão "queimando seus débitos" esforçando-se, acentuadamente, para manterem a resignação dentro dessa perspectiva de passividade plena na espera de que Deus e os bons espíritos venham mudar as coisas.

São os carmas imaginários, a representação mental distorcida da realidade. Uma situação que amplia o sofrimento do homem por ausência de sensatez e de amor a si mesmo. São imaginários, porque nem sempre correspondem aos verdadeiros aprendizados projetados antes das reencarnações, acumulando dores voluntárias para seus cultores por imaginar que todos os problemas pelos quais passam têm origem em deslizes cometidos em outras existências corporais.

Em uma análise feita daqui para o mundo físico, constatamos que pelo menos dois terços dos sofrimentos humanos provém da imprudência e de escolhas mal feitas, não sendo real atribuir a "outras existências" esse uso do livre-arbítrio. O discernimento poderá comprovar essa realidade.

Além da improbabilidade real de muitos fatos estarem submetidos à Lei de Causa e Efeito, devemos considerar que a finalidade do sofrimento é aprender e, se mantivermos uma "resignação de fachada" sem atingir o homem no seu orgulho e nos seus interesses materiais de nada nos valerá a dor, causando ainda muitos problemas na vida imortal.

Se continuarmos ao lado dessa ou daquela pessoa em nome de carmas originados de um passado suspeito e não confirmado, estaremos trabalhando pela nossa infelicidade, apenas suportando – tolerância estática –, quando o propósito Divino das provações é o crescimento, a libertação e o aprendizado – resignação ativa.

Se nos mantivermos nessa ou naquela posição social por carma, em decidida preguiça de melhorar, estaremos adiando uma provável "opção de Deus" em nosso favor por não agirmos para sair das situações incômodas.

Isso não nos deverá em hipótese alguma incentivar as decisões de fuga e abandono dos compromissos, porque, em verdade, estaremos assim fugindo de nós mesmos, transferindo para os novos relacionamentos ou lugares as mesmas mazelas anteriores.

Resignação sim, mas ativa e otimista. Tolerância construtiva nos relacionamentos para que haja crescimento. Esforço pessoal no campo social para que nos credenciemos, justamente, a maiores responsabilidades e benefícios.

Aguentar por aguentar, sofrer por sofrer, é ausência de consciência nas provas e adiamento de soluções.

Mais uma vez os sábios Guias da codificação auxiliam-nos a compreensão quando dizem: "A perda de um dedo mínimo, quando se esteja prestando um serviço, apaga mais faltas do que o suplício da carne suportado durante anos, com objetivo exclusivamente pessoal."

Suportar por suportar é perda incalculável. Suportar trabalhando para vencer e aprender é solução a caminho.

Se estamos na dor, precisamos entender sua proposta, suas indicativas em favor de nosso aprendizado, a fim de sairmos da lamentável condição de "vítimas cármicas" de dores que poderíamos superar.

Sejamos otimistas e pensemos com merecimento e autoestima, fugindo de atribuir conotação enfermiça à existência através de comparações com os amigos e conhecidos, lamentando não estar na posição feliz em que supostamente se encontram.

Lutemos pela nossa felicidade, eliminando os "carmas adicionais", crendo e vivendo firmemente o seguinte projeto de vida: "eu mereço ser feliz."

Estejamos certos que esse é o projeto de Deus para todos nós. Aceitemo-lo ainda hoje e cultivemos o sentimento de que merecemos a felicidade.

Capítulo 10

Opiniões e autoestima

"Por isso é que em falta de luzes próprias, deve ele modestamente recorrer à dos outros, de acordo com estes dois adágios: quatro olhos veem mais do que dois e - ninguém é bom juiz em causa própria. Desse ponto de vista é que são de grande utilidade para o médium as reuniões, desde que se mostre bastante sensato para ouvir as opiniões que se lhe deem, porque ali se encontrarão pessoas mais esclarecidas do que ele e que apanharão os matizes, muitas vezes delicados, por onde trai o Espírito a sua inferioridade."

O livro dos médiuns – Cap. 29 – item 329.

O medo da rejeição leva várias pessoas a alimentarem complexa obsessão em relação à opinião alheia sobre seus feitos, exigindo devotada reeducação dos sentimentos na busca da autoestima que estabelecerá, paulatinamente, a segurança e a autoconfiança. Noutros casos, de forma oposta a esse medo, a indiferença à emissão de conceitos em torno de nossa personalidade é o resultado da invigilância e da vaidade - lenha apropriada para crepitar as labaredas da autossuficiência.

Nem uma nem outra posição auxiliam-nos a aproveitar devidamente as expressões de amparo e os sinais de alerta em nosso favor na escola da convivência, quando se trata dos pareceres que surgem em nossos caminhos e dos quais jamais estaremos livres.

Saber julgar os apontamentos sobre nós conferindo-lhes valor exato é exercício de humildade e bom senso no aprendizado da vida interpessoal.

As pessoas maduras, que se amam verdadeiramente, são autoconfiantes, sem autossuficiência, sabem o valor real da participação alheia e permitem-na somente até o ponto em que são úteis ao progresso pessoal, quando externadas com respeito e lealdade. Para tais pessoas, a maledicência é atestado de incapacidade moral e imaturidade emocional.

Porque não aprendemos ainda o autoamor, costumamos esperar as compensações e favores do amor alheio, permitindo um nível de insegurança e dependência dos outros face ao excessivo valor que depositamos no que eles pensam sobre nós.

O medo de ser rejeitado ou não aceito é um resquício fortemente gravado no psiquismo pelas experiências infantis ou por complexos adquiridos em outras existências. Crenças de desvalor a si próprio, consolidadas na mente da criança e do adolescente, refletem agora na fase adulta como sequelas dolorosas e inibidoras, provocando sentimentos de inutilidade e culpa, gerando a autocensura, a autopiedade e uma terrível "síndrome de ser culpado" pelo mundo estar como está, ainda que muitas situações nada tenham a ver com suas movimentações existenciais.

A autoestima é fator determinante das atitudes humanas. Quando ela escasseia, a criatura estará sempre escrava de complexos de inferioridade atormentantes, por mais pródigas que sejam as vantagens de sua vida, cultivando hábitos que visam camuflar seus supostos "males" para que outros não os percebam. No entanto, não logrando sempre ludibriar através dessa "maquiagem", quando se percebe avaliada ou reconhecida em sua realidade, torna-se revoltada, indefesa, deprimida e ofendida. Essa situação tem um limite suportável até o ponto em que as decisões e ações começam a ser comprometidas por estranhas formas de agir, que podem estabelecer episódios neuróticos de gravidade, com estreitos limites com as psicoses. Assinalemos ainda que, nos bastidores de variados casos, surgem as interferências espirituais dilatando o sofrimento dessas almas, acentuando-lhes o sentimento de desmerecimento, de rejeição e desânimo, inspirando ideias perversas e escolhas doentias.

As opiniões sobre nós são valorosas e merecem ouvidos atentos, quando se tornam críticas construtivas. E uma crítica para ser construtiva requer sinceridade fraterna, olhos nos olhos, sentimento de solidariedade e, sobretudo, quem critica para ajudar apresenta alternativas de melhoria ou solução; afora isso podem não passar de palavras a esmo, maledicência sistemática ou inveja, ou então o que explica com rara sabedoria o nosso codificador no trecho a seguir:

> "Quem quer que se eleve acima do nível comum está sempre em luta com o ciúme e a inveja. Os que se sentem incapazes de chegar à altura em que aquele se encontra esforçam-se para rebaixá-lo, por meio da difamação, da maledicência e da calúnia; tanto mais forte gritam, quanto menores se acham, crendo que se engrandecem e o eclipsam pelo arruído que promovem. Tal foi e será a História da Humanidade, enquanto os homens não houverem compreendido a sua natureza espiritual e alargado seu horizonte moral. Por aí se vê que semelhante preconceito é próprio dos espíritos acanhados e vulgares, que tomam suas personalidades por ponto de aferição de tudo."[1]

Nas relações espíritas convém-nos muita atenção a esse processo delicado do conviver, porque as expectativas que nutrimos, enquanto companheiros de lides, são muito elevadas uns para com os outros, vindo a constituir

---
[1] *A gênese* – cap. 17 – item 2.

pesado ônus nos relacionamentos doutrinários. Em nossos ambientes, porque cultivamos o hábito da fraternidade e da indulgência, não devemos fugir do dever de orientar e corrigir os que partilham conosco das bênçãos do aprendizado.

O personalismo – marca moral pertinente à maioria esmagadora dos discípulos espíritas – é uma lente de aumento que procura dilatar nossos valores e uma nuvem que busca ofuscar nossas imperfeições, tornando-se entrave à opinião sincera em razão de insuflar o melindre e a mágoa. Afogados em queixumes e desapontamentos, alguns amigos nessa experiência dizem que não esperavam ser avaliados em seus defeitos no centro espírita, e perguntam: "não basta o lar e os ambientes de profissão nos quais, familiares e colegas, estão sempre ressaltando minhas mazelas?" Todavia, é preciso distinguir o que seja uma correção para denegrir e outra para crescer. Cremos que essa última deva ser a tônica das nossas posturas junto às agremiações espíritas, mas sem deixar de lado a sinceridade e a sensatez.

A recomendação traçada por Allan Kardec em nosso item de estudo, citado na introdução desse texto, é preciosa diretriz aos médiuns, não sendo de menor importância a todos os que militamos nas fileiras de trabalho espírita. As opiniões alheias são extenso e valoroso recurso de crescimento e não devemos menosprezá-las nunca, ainda mesmo quando constituam excessos, porque assim nos auxiliam a conhecer melhor quem as emitiu, servindo para estipular nossa própria opinião sobre o outro com juízo fraternal, distante da influência nociva da inferioridade que ainda carregamos nos caminhos da evolução.

Lembremos, portanto, que o cultivo do afeto entre nós, trabalhadores da causa de Jesus e Kardec, não dispensa as opiniões lavradas nas fontes da sinceridade e que, tendo por objetivo a melhoria e o esclarecimento, devem ser emitidas de forma a elevar a autoestima, transformando o medo de rejeição em um novo e agradável sentimento de segurança e amizade cristã.

Ainda acerca das opiniões alheias, acostumemo-nos a elas lembrando que o próprio Jesus não as dispensou quando perguntou em exemplar atitude íntima aos discípulos: "Quem dizem os homens que eu sou?"[2]

---
[2] Marcos 8:27.

Capítulo 11

Os espíritas diante da morte

"O conhecimento do Espiritismo exerce alguma influência sobre a duração, mais ou menos longa, da perturbação?
Influência muito grande, por isso que o Espírito já antecipadamente compreendia a sua situação. Mas, a prática do bem e a consciência pura são o que maior influência exercem."

O livro dos espíritos – questão 165.

De onde viemos? Para onde vamos? Que fazemos reencarnados? Clássicas indagações que tiveram o véu rasgado de alto a baixo pela lógica do pensamento espírita. Discernimento, informação e esperança foram os resultados provenientes do contato com os mortos.

Apesar dessa luz que jorra intensamente, a morte ronda o cérebro de muitos espíritas com vastas noções sobre o futuro sem despertar o sentimento de imortalidade em plena carne. Muitos companheiros de ideal morrem abarrotados de informações sobre o morrer sem guardarem nos recessos do coração o sentimento de vida perene e incessante, passando a peregrinar nos vales de sombra e dor para expurgos reparatórios. Morrem, mas não desencarnam corretamente.

Morrer retamente deve ser meta de todos que fomos agraciados com a riqueza dos tesouros doutrinários, razão pela qual a morte é dos temas mais necessários na formação da cultura espírita. Uma visão clara e precisa da vida futura, sem os resquícios mitológicos, é essencial para uma vida corporal mais proveitosa e consciente, o que permitirá um desenlace saudável nos rumos da continuidade e ascensão.

Precisamos convir que essa mentalidade, estruturada na visão futurista da existência, exigirá o norteamento da experiência corporal com abnegação e renúncia na construção de um projeto de vida espírita, cuja referência seja a vida futura.

Somente o conhecimento doutrinário não erradica nossos problemas com a morte. Se reunirmos toda a sabedoria das obras básicas e das subsidiárias acerca desse tema, teremos algo comparável a um pequeno grão de areia perante o oceano imenso das realidades da vida imortal. No entanto, muitos espiritistas estão com inabalável convicção de uma ancoragem feliz na vida dos imortais, tão somente por votarem-se superficialmente em louvores e obras da caridade, descuidando infantilmente de zelar pelas conquistas interiores, que são a única garantia de paz além-túmulo.

As variações da desencarnação, os redutos de dor, a natureza na vida extrafísica, as mutações dos estados mentais, a suprema interação entre os planos de vida, os resultados dos estados conscienciais sobre o perispírito, o destino dos hábitos culturais no além, os processos de retorno à matéria, os mecanismos de intercâmbio entre orbes, os efeitos das movimentações humanas no plano espiritual e muitos outros aspectos de um leque infinito de assuntos sobre a morte ainda carecem de noções mais ampliadas. Contudo, por mais que o homem na carne eleve seu entendimento sobre essa versatilidade, a morte continuará sendo uma grande reveladora de Verdades para a alma que se despede da hipnose da reencarnação para penetrar os portais da imortalidade.

Em face disso será sempre oportuno, especialmente aos adeptos do Espiritismo, a reciclagem de sua posição mental e afetiva sobre seu futuro. Irmãos queridos que aqui se aportam experimentam largas decepções por acreditarem displicentemente que dominam sobremaneira os temas da desencarnação, quando, em verdade, tinham primárias lições sobre o assunto, agravados por uma conduta invigilante de autossuficiência alicerçada na soberba crença de "salvacionismo", sob forte influência da herança religiosa em concessões e facilidades no "céu", devido aos serviços prestados ao bem comum.

Atentemos para esse episódio, porque o Codificador não descuidou de indagar das "Vozes Espirituais" se o saber espírita seria importante na erraticidade, recebendo uma sábia advertência: "Influência muito grande, por isso que o Espírito já antecipadamente compreendia a sua situação. Mas, a prática do bem e a consciência pura são o que maior influência exercem."

Nessa resposta temos o roteiro correto para uma vida corporal em plenitude.

Consciência tranquila e o bem são assertivas promissoras da paz interior que havemos de levar de um para outro mundo nas sucessivas alternações na busca da perfeição.

A vida física é um curso para aprendermos a morrer corretamente, conquistando o perfil do homem espiritualizado e livre das imposições da matéria.

Estudemos com mais afinco a vida futura, buscando compreensão sobre a senha para o acesso feliz ao mundo dos espíritos, a integração com a consciência do Eu Divino que reside em nossa intimidade.

Meditemos com seriedade nas incomparáveis lições oferecidas pelos "mortos" através das vias sagradas da mediunidade, treinemos sentimentos e atitudes em cada ocasião de separação e miremo-nos no espelho da consciência em busca de um balanço leal sobre o estado pessoal, frente às diretrizes do Consolador para os novos estágios a que fomos convocados. Unamo-nos, homens e espíritos, espíritas ou não, em declarado e imbatível planejamento de vida para que nos preparemos ao regresso feliz, na reencarnação ou na desencarnação, como expressões naturais de existir e transformar com abundante vida.

Vigilância sempre e sempre nesse tema, porque aqui também o orgulho – nosso sagaz adversário – costuma cantar cantigas de ninar, doces e serenas, para embalar nosso sono de ilusão a fim de que venhamos a despertar nos braços da morte atribulada, sob os efeitos de dolorosa decepção e revolta.

A morte como informação nem sempre é sinônimo da divina certeza da imortalidade – único sentimento capaz de transformar nossas vidas na matéria pelas sendas redentoras do legítimo amor sentido e aplicado todos os dias.

"A consciência é nosso elo de ligação com a Verdade; aprendermos a lidar com sua 'voz' é aprender a ouvir Deus em nós."

Capítulo 12

Interiorização

"Fazei o que eu fazia, quando vivi na Terra: ao fim do dia, interrogava a minha consciência, passava revista ao que fizera e perguntava a mim mesmo se não faltara a algum dever, se ninguém tivera motivo para de mim se queixar. Foi assim que cheguei a me conhecer e a ver o que em mim precisava de reforma."

O livro dos espíritos – questão 919.

Imaginemos que um excelente engenheiro fora convidado por uma empresa para fazer uma reforma na parte interna de suas dependências. Seria viável chamá-lo à porta de semelhante edificação e solicitar-lhe imediatamente um planejamento da tarefa, sem que ele conheça os mínimos detalhes que a compõem?

Essa comparação pode ser trazida para a vida íntima. Que reformas poderemos efetivar em nós, sem o devido conhecimento do que precisa ser transformado?

Conhecer-se é a primeira iniciativa a fim de estabelecermos um acordo de paz interior. É a via de acesso para chegarmos ao estágio íntimo do bom relacionamento com a sombra, a tal ponto de nos munirmos de condições para uma autêntica mudança.

Conhecer-se é libertar-se da ignorância, adquirir domínio e poder perante si mesmo.

Essa viagem ao mundo íntimo exige preparo e exercício, sem os quais poderá ser infrutífera e repleta de motivos para o desânimo.

Santo Agostinho oferece-nos um roteiro de viagem seguro e eficaz: um balanço diário com a assistência de Deus e o "anjo da guarda". A formula é simples, mas essencial.

Multiplicar as perguntas sobre o objetivo de nossos procedimentos é meditar; e quanto material oferece-nos a vida interpessoal para esse mister?!

O estudo de si mesmo vai exigir duas posturas que asseguram melhores resultados:

1) Atenção Plena - é a arte Budista de observar-se incansavelmente, olhar-se sempre. É um hábito que deve ser desenvolvido na rotina, a fim de que o balanço noturno tenha elementos ricos para a autoanálise.

Para pessoas encharcadas de materialismo e preconceitos, o outro só tem valor na justa medida de seus interesses pessoais; as relações, nesse caso, são superficiais, perigosas, instáveis. As deficiências são atribuídas exclusivamente ao próximo, sem a suficiente disposição para uma incursão reflexiva nas próprias atitudes. São pessoas que vivem sob o império do narcisismo, escravos de crenças e modelos mentais de comportamento, educados para encontrar fora de si as causas para tudo que lhes acontece, anulando, quase que por completo, a possibilidade do autoencontro, sempre aptos a analisar a conduta alheia.

A Atenção Plena do Budismo só é possível em criaturas que se dispõem a melhorar, que anseiam por permanente sentimento de renovação de si próprias.

A disposição de melhora, portanto, é a base de dinamização. Essa disposição guarda a ausência de punições, a dissolvência da culpa, a ternura consigo e os julgamentos flexíveis e versáteis. Sem isso esse autoencontro pode tornar-se um caminho para a decepção e a insatisfação pessoal.

2) Interiorização - dispor-se a melhorar não basta para o autoconhecimento. O próximo passo é a interiorização, o ato de enfrentar seu mundo interior, admitir para si a natureza de seus sentimentos, estudar as reações perante a vida; um trabalho muitas vezes doloroso e que poucos desejam realizar, vivendo em constante fuga de si mesmo.

Nessa tarefa de crescimento, inclui-se a arte de ouvir a consciência e aprender a escutar os ditames Divinos.

A consciência é nosso elo de ligação com a Verdade; aprendermos a lidar com sua "voz" é aprender a ouvir Deus em nós.

Essa interiorização é a "degustação mental" daquilo que a Atenção Plena nos permitiu perceber.

*****

Na medida em que vamos descobrindo o desconhecido mundo de nós mesmos, vamos ganhando autonomia, paz, felicidade, porque iniciamos a caminhada consciente da evolução, senhores do eu, capacitando-nos para a liberdade responsável em todas as direções do existir.

Ter melhores noções de si enseja-nos uma convivência mais harmoniosa, pródiga de habilidades para a concórdia, a lealdade, o desapego, o perdão, a cordialidade, o afeto, tornando-nos pólos vigorosos de simpatia e bem-estar que serão fortes atrativos, pela força do exemplo, para que os outros se esforcem por imitar-nos o procedimento.

Se aquele engenheiro que citamos tiver o ensejo de esquadrinhar com precisão a edificação na qual irá trabalhar, seu planejamento de ação será mais produtivo, garantido e seguro para todos.

Da mesma forma, esse balanço interior, quando bem concretizado, será fonte de excelentes resultados no autoapefeiçoamento.

Atenção Plena é vigília.

Interiorização é investigação permanente de si próprio.

*"Não vivemos imunes
ao personalismo."*

Capítulo 13

Personalismo, a lupa do orgulho

"O egoísmo assenta na importância da personalidade. Ora, o Espiritismo, bem compreendido, repito, mostra as coisas de tão alto que o sentimento da personalidade desaparece, de certo modo, diante da imensidade. Destruindo essa importância, ou, pelo menos, reduzindo-a às suas legítimas proporções, ele necessariamente combate o egoísmo."

O livro dos espíritos – questão 917

O personalismo é o grande adversário da causa do amor.

Consideremo-lo em uma metáfora como a lupa do orgulho voltada na direção do eu, ampliando, exageradamente, o valor pessoal. Um estado no qual a mente está mais voltada para os apelos do ego em negação aos ditames da consciência.

O fio condutor de seus nocivos reflexos é a paixão pela importância individual que supomos possuir.

Sua ação desorganiza o departamento mental da imaginação e projeta na vida as imagens de si mesmo pelas quais nasce o "império do eu", encarcerando-nos no automatismo do egoísmo.

Não vivemos imunes ao personalismo. Ele constrói psiquicamente a identidade pessoal e a participação no meio onde vivemos; o problema é o excesso da importância que conferimos ao eu, perdendo o controle e tornando-se um vício, o vício do "amor" próprio.

Ver o mundo pela ótica individual é uma necessidade para aquisição de valor pessoal. Contudo, o apego intransigente às próprias concepções, sem abertura para a permuta e ampliação das experiências individuais, é que torna uma questão grave de conduta nas relações junto aos grupos de convivência.

Por milênios estamos vivendo essa experiência. Hoje, sob a boa nova da renovação íntima, assumiu proporções de um grande desafio a ser superado em favor da causa espírita que abraçamos.

Assevera-se que o serviço em equipe é garantia de sua erradicação, e não podemos discordar, embora tenhamos que assinalar, que mesmo nessa circunstância a braveza do personalismo poderá arrasar as melhores sementeiras espirituais, caso não vigiemos suas formas ardilosas de manifestar.

Alguns exercícios poderão auxiliar-nos na sua identificação, o que será o primeiro passo para um programa reeducativo. Eis uma pequena lista:

- Emitir opiniões sem fixar-se obstinadamente na ideia de serem as melhores.

- Aprender a discernir os limites entre convicção e irredutibilidade nos pontos de vista.

- Ouvir a discordância alheia acerca de nossas ações sem sentimento de perda ou melindre.

- Cultivar abnegação na apresentação dos projetos nascidos no esforço pessoal, expondo-os para análise grupal.

- Evitar difundir a "folha de serviço" das realizações pessoais já concretizadas.

- Disciplinar e enobrecer o hábito de fazer comparações.

- Acreditar que a colaboração pessoal sempre poderá ser aperfeiçoada.

- Pedir desculpas quando errar.

- Ter metas sem agigantá-las na sua importância frente às incertezas do futuro.

- Aprender a ouvir opiniões para melhor discernir.

- Admitir para si os sentimentos de mágoa e inveja.

- Ser simples.

- Ter como única expectativa nas participações individuais o desejo de aprender e ser útil.

- Esforçar-se para sair do personalismo silencioso, do isolamento e da timidez.

- Delegar tarefas, mesmo que acredite que o outro não dará conta de fazê-la tão bem quanto nós.

Como vemos é aprendizado de longa duração que devemos começar com intensa humildade e contínua disposição de autoconhecimento.

Como diz o Codificador: "Ora, o Espiritismo, bem compreendido, repito, mostra as coisas de tão alto que o sentimento da personalidade desaparece, de certo modo, diante da imensidade". Concluímos então que se ainda nos fixamos com tanta negligência ao personalismo é porque ainda não compreendemos bem a nossa própria doutrina, preferindo acreditar nas concepções individualistas construída por opiniões pessoais.

Capítulo 14

Velho descuido

"Os que no Espiritismo veem mais do que fatos; compreendem-lhe a parte filosófica; admiram a moral daí decorrente, mas não a praticam. Insignificante ou nula é a influência que lhes exerce nos caracteres. Em nada alteram seus hábitos e não se privariam de um só gozo que fosse. O avarento continua a sê-lo, o orgulhoso se conserva cheio de si, o invejoso e o cioso sempre hostis. Consideram a caridade cristã apenas uma bela máxima. São os espíritas imperfeitos."

O livro dos médiuns – cap. 3 – item 28.

Quando mencionamos ser importante estudar e aprimorar o campo da conduta nas lições da casa espírita, é porque nas relações diuturnas do centro encontramos os embriões da postura moral do futuro. É a escola do espírito na qual treinamos os hábitos da regeneração. Apesar disso, a inexperiência e a imaturidade costumam criar um nível muito elevado de expectativas relativamente à conduta que deveria caracterizar o trabalhador espírita, gerando grave problema de relacionamento na maioria dos grupos doutrinários.

Espera-se, com certa dose de razão, daqueles que esposam os princípios espíritas, que sejam criaturas de hábitos sublimados e comportamento exemplar, e quando se constata que nem sempre os amigos de ideal são o que idealiza-se que fossem, abre-se espaço para as cobranças, o desencanto e a desafeição.

Entretanto, recordemos que, se a expectativa é um direito que nos cabe em relação ao próximo, jamais devemos esquecer que o dever convida-nos à tolerância quando não somos correspondidos naquilo que esperamos, a fim de não nos permitir tombar nas ciladas da decepção e da mágoa, da exclusão e da indiferença.

A desafeição acalentada – velha armadilha da convivência – entre companheiros de ideal costuma levar ao desencanto com a Doutrina, perda de motivação com a tarefa e afastamento temporário em direção à desistência.

Muitas pessoas incipientes nesse assunto da vida moral costumam julgar o proceder alheio como hipocrisia, sendo que nem sempre os atos de infidelidade aos princípios evangélicos significa falsidade, mas sim a dificuldade natural de superar imperfeições, sobre as quais ainda não adquirimos completo domínio e transformação.

Ser espírita, no entendimento de muitos, ainda é um conceito bastante exterior e superficial. Concebe-se, muitas vezes, que ser espírita é ter condutas padronizadas e aceitas como um modelo pela comunidade doutrinária. Tais critérios levam a definir o espírita dentro da diretriz moral que determina o que pode e o que não pode ser feito, estabelecendo normas muito frágeis no campo das aparências para serem quesitos de validação da genuína conduta espiritista. Outras vezes, adotam-se critérios vinculados à "folha de serviço" estipulando que a habilidade com as práticas doutrinárias é atestado de superioridade e competência cristã, conferindo ao "tempo de casa" e "quantidade de realizações" as referências de autoridade. Não podemos negar que todos esses parâmetros, quando avaliados sensatamente, são qualidades condizentes com o que venha a ser espírita, no entanto, é necessário que sejam acompanhadas das conquistas interiores, sendo fundamental associar essas referências aos valores cristãos que estamos consolidando nos sentimentos e ações de cada dia. Além disso, somente as podemos aferir com precisão em nós mesmos.

Anotemos alguns pontos de meditação que nos auxiliarão a compreender melhor as causas de nossos incômodos com o comportamento alheio nessas vivências que discriminamos:

- A recordação de sentimentos semelhantes já experimentados em vidas pretéritas nas quais adotamos intencionalmente a mentira.

- O assédio de espíritos que desenvolveram a sagacidade em detectar ou mesmo induzir a faixa mental das decepções nos relacionamentos, levando suas "vítimas" a decisões infelizes. São cultivadores da mágoa. Existem milhões deles na psicosfera terrena.

- Os encontros noturnos com amigos do coração que nos advertem para a vigilância em nossas ações, porém, na vigília física, relembramos mais facilmente essas orientações ao vermos o outro fazendo aquilo para o qual fomos alertados que não deveríamos fazer.

Ambientes onde escasseia a fraternidade, prolifera a falsidade e o desânimo. As pessoas sentem-se agredidas com cobranças sutis ou diretas, o que as levam a mentir para continuar usufruindo das benesses das tarefas ou passar a nutrir profunda desafeição, que as arrefecem nos ideais de melhora.

Poucos de nós conhecemos a intimidade do nosso próximo que partilha as responsabilidades do aprendizado e do trabalho na casa espírita, portanto, procuremos sempre os cuidados com o estímulo e a caridade que devemos uns aos outros, nessa escola abençoada na qual buscamos a força e a orientação, para vencermos os grandes obstáculos íntimos.

Compaixão e tolerância nas relações sempre deverão ser o nosso lema. Se o ambiente das equipes ensejar bons exemplos, aqueles que por agora ainda não testemunham tanta fidelidade ao que já sabem imitarão os mesmos ou naturalmente se excluirão da equipe por entenderem que ainda não estão convictos do ideal que abraçaram. Ao invés de expectativas e "promissórias de perfeição" ao outro, enderecemos-lhe a nossa firmeza e coerência contagiantes.

Decepção e ressentimento em grupos espíritas são mantidos somente por aqueles que ainda não descobriram o valor do perdão incondicional ou por se manterem, excessivamente, apegados a pessoas e grupos, nutrindo elevada cota de expectativas, em franca postura de egoísmo, de bem-estar exclusivamente pessoal. Acalentam sonhos de lugares paradisíacos e angelicais sem medir a extensão dos limites e resistências de seu semelhante, esquecendo-se de que o centro espírita é um hospital para doentes graves da alma que desejam sua recuperação e melhora espiritual.

Velho descuido da convivência humana: buscar corrigir as pessoas para que se encaixem em nossos modelos de expectativas e transformar as diferenças do outro em defeitos. Traços típicos dos espíritas imperfeitos, conforme classifica com muita propriedade o senhor Allan Kardec. Traços que deixam claro que estamos muito mais ocupados em cultivar severidade para com a melhora dos outros e desatentos da mais importante e única tarefa na qual verdadeiramente temos irrestrita capacidade de realizar: a nossa melhora pessoal.

Carregar o peso de esperanças assentadas em direitos que supomos possuir sobre o próximo é trabalhar pela nossa infelicidade. Concedamos a todos o direito de serem o que são, aceitando-os incondicionalmente como prova de amor e autêntica superioridade espiritual. Dessa forma, perceberemos de pronto que estaremos fazendo enorme bem a nós mesmos, na preservação da paz, evitando agastamentos perfeitamente desnecessários.

Capítulo 15

Carências

"Mediante a organização que nos deu, não traçou a Natureza o limite das nossas necessidades? Sem dúvida, mas o homem é insaciável. Por meio da organização que lhe deu, a Natureza lhe traçou o limite das necessidades; porém, os vícios lhe alteraram a constituição e lhe criaram necessidades que não são reais."

O livro dos espíritos – questão 716.

Carência é o estado íntimo de insatisfação que surge da privação de alguma necessidade pessoal, cujo principal reflexo é o sentimento de infelicidade.

Sob análise espiritual, é um fluxo energético de vibrações não compensadas reclamando o dinamismo da complementação para gerar bem-estar e equilíbrio na vida do ser. Uma força centrípeta que não ultrapassa a psicosfera individual em razão de constituir uma "atração para dentro", um apelo para o suprimento de algo necessário à autorrealização.

Na ótica afetiva, é um processo de desnutrição que pode ter-se iniciado na infância ou até mesmo em outras reencarnações. Advém de desejos recalcados, expectativas não visadas, frustrações não superadas; uma descompensação emocional pelas experiências traumáticas mal elaboradas, gerando episódios de conflitos e sofrimentos no automatismo da vida mental.

A maior carência humana é de afeto e carinho, sem os quais ninguém se sente humanizado. E não se sentir humano significa permitir a influência dos reflexos primitivos que intensificam a ganância e a crueldade proveniente do instinto de conservação exacerbado. No estágio espiritual da Terra, a carência do afeto, quase sem exceções, está subordinada aos ditames da lei de retorno.

Nem tanto do amor alheio precisam os carentes, porque a carência não está somente nessa ausência de ser amado. Existem mecanismos bloqueadores compostos por processos emocionais e psíquicos do espírito, o qual se sente sob rigorosa prisão nos sentimentos, que são ativados, automaticamente, no campo mental em razão dos despenhadeiros de ilimitados crimes do coração que se arrojou em existências anteriores, agravados pela educação infantil em regime de aridez afetiva. Tais mecanismos levam a não se sentir amado, mesmo que o seja.

Outra razão evidente das origens da carência pode ser encontrada na ausência de preparo para lidar com as perdas. Na Terra não se prepara a criança para lidar com perdas. A educação é quase toda destinada a fazer campeões sociais, vitoriosos em tudo. Pais frustrados tentam se realizar no sucesso de seus filhos, exigindo deles o que não conquistaram, tentando consertar erros e fracassos através da criação de um "super-herói" dentro de casa. Sob pressão e coação do sucesso, muitos espíritos de psiquismo frágil, que aspiram a outros ideais, sucumbem, em comportamentos desajustados, no vício ou no desequilíbrio dos costumes, como forma de encontrar alguma gratificação e prazer, já que suas habilidades inatas, aquelas que trazem como espírito imortal, são desconhecidas e desconsideradas pelo seu grupo educativo. Crianças muito mimadas ou compensadas excessivamente para cumprirem os seus deveres querem tudo que desejarem na vida adulta, inclusive o afeto alheio, e para isso mascaram-se de mil modos no jogo das aparências como se estivessem em uma disputa da qual jamais admitem sair perdedores.

Outras carências surgem como ilusões da vida moderna estimuladas pela mídia e pelos costumes, exigindo verdadeiros imperativos de reeducação e controle para não levarem a padecimentos desnecessários e voluntários.

As matrizes profundas da carência podem ser encontradas no subconsciente. É o vício milenar de exigir e esperar ser amado sem disposição altruísta suficiente para amar. Resulta de uma construção lenta e gradual com bases no egoísmo.

Solidão, ciúme, dependência, escassa autoestima, complexo de inferioridade, insegurança, fantasias, atrações "proibidas", impulsos mentais permissivos, ambivalência sexual, depressões, patologias corporais e outros tantos quadros de sofrimento podem decorrer dessa tormentosa vivência da prisão emocional – reflexos fidedignos das atitudes inconsequentes e levianas de outrora. E nos bastidores de todas essas tormentas está o espírito carente atestando sua incapacidade de amar, exigindo atenção e cristalizando-se no apego ou alimentando o ciúme, em conflituosas crises de possessividade.

O carente, em verdade, é um doente que deseja ardentemente amar sem conseguir. Não conseguindo, passa a exigir ser amado, criando relações complicadas e frágeis; é alguém à mingua de amor, um constante cultivador da esperança de ser compensado. Sua experiência, porém, frequentemente revela facetas ignoradas de si próprio.

A carência surge quando desconectamos o mundo dos sentimentos daquilo que realmente preenche e gratifica, priorizando o falso conceito de realização estipulado pela sociedade. A convivência vai moldando na mente alguns modelos de vida e, porque se torna um caminho comum da maioria, mesmo que não atenda a nossos mais íntimos pendores e aspirações, deixamo-nos levar por essa influência, negando o que sentimos e fazendo o que os outros pensam que devemos fazer, ou ainda, aquilo que pensamos que devemos fazer.

A alma carente é alguém em débito perante sua própria consciência. Essa realidade da subjetividade humana é percebida na intimidade através de sentimentos de baixa estima, vergonha, incapacidade, autopiedade, que levam o ser a se degenerar nos complexos de culpa de múltiplas variações.

Nada na criação foi gerado com carências e tudo foi criado para "pulsar para fora". Porém, nossa negligência e teimosia, nossa infidelidade e rebeldia aos códigos Divinos ensejaram os caminhos da escassez. Carência em termos do espírito não é somente aquilo que falta, mas o resultado em forma de desajuste comprado a preço de irresponsabilidade.

Todos temos o que precisamos e merecemos na vida, e se não concordamos com essa proposta da Lei Divina cabe-nos, a todo instante, o direito de tentar melhorar nosso existir trabalhando pela melhoria que aspiramos. E somente nesse afã de lutar pelo que idealizamos, no limite de nossas forças, é que saberemos o que nos reserva a vida no rol das experiências de cada dia, eliminando assim algumas carências que dependem do nosso esforço na caminhada de aperfeiçoamento. Para triunfar nesse mister, somente amando e servindo.

Observa-se que boa parcela das pessoas não está aceitando mais, em nenhuma hipótese, a possibilidade de fazer cada conquista a seu tempo. Querem tudo para já, custe o que custar. A maioria dos espíritos reencarnados na atualidade tem vivido a filosofia do imediatismo.

As necessidades e anseios pessoais não obedecem à prova da resistência moral pela paciência e perseverança. E no atendimento de suas metas, percorrem os caminhos largos da precipitação e da imprudência, buscando de forma egoísta o gozo, o prazer, a satisfação de suas fantasias. Depois surgem a decepção e a mágoa, e somente então percebem a fragilidade de suas escolhas.

Nesses redemoinhos de dor, não tendo força e coragem o bastante para assumir a sua responsabilidade, projeta culpa a outrem se eximindo de admitir também as suas decisões infelizes que contribuíram em suas dificuldades. Mais adiante, passadas as crises mais intensas dos resultados de suas más opções, perceberá sua necessidade afetiva ainda mais acrescida de novos apelos e convites para outras tentativas de fruir o máximo, fazendo o mínimo. Essa tem sido a "roda da vida" de muitas criaturas no transcurso de suas desditosas experiências no corpo físico.

O controle da vida emocional é o primeiro passo no suprimento das nossas necessidades reais. Saber adiar a gratificação pessoal é muito importante na aquisição desse controle. Tudo a seu tempo, conforme os méritos e esforços pessoais.

Perseverança e coragem são duas nobres virtudes que precisam ser cultivadas nesse caminhar da existência, a fim de colocarmos em funcionamento a possibilidade de alcançarmos nossas metas. Todavia, destaquemos que tais virtudes serão inúteis se o nosso estado emocional for de inconformação, porque criará uma barreira vibratória de obstrução no suprimento das nossas carências variadas. O estado espiritual de inconformação ou azedume com o que nos cerca retira expressivas funções calmantes e compensadoras no campo mental, nascidas dessas nobres virtudes.

Nosso destino é a felicidade e a completude sem carências. Hoje as sentimos em razão da trajetória pela qual optamos, colhendo da vida aquilo que nela plantamos. Leis perfeitas regem nosso merecimento e somente quando empenharmos pelo amor, perceberemos que carência é o outro nome do egoísmo.

Estejamos certos de que a melhor solução para nossos problemas de equilíbrio, nas necessidades e aspirações pessoais, será sempre manter-se firme nos ideais enobrecedores que vertem da proposta terapêutica do amor. Quem ama, ainda que precisando ser amado, supre-se, eleva-se, compensa-se. De forma alguma estamos fazendo apologia ao descuido conosco no campo das expectativas íntimas e do desejo de ser amado, entretanto, tenhamos lucidez para compreendermos que a postura de cobradores revoltados e a atitude de precipitação não nos levarão a lograr os ideais de ventura e realização sonhados, agravando ainda mais as nossas provas.

Obviamente, as mais elementares necessidades humanas serão sempre, de alguma forma, atendidas. Entretanto, nossa condição de penúria espiritual leva-nos a refletir na colocação feita pelos sábios Instrutores da Verdade ao afirmarem: "Por meio da organização que lhe deu, a Natureza lhe traçou o limite das necessidades; porém, os vícios lhe alteraram a constituição e lhe criaram necessidades que não são reais."

Num mundo faminto de amor, a Terra tornou-se o local onde a maioria espera saciar sua fome afetiva, e poucos são os que optam pela Divina escolha de amar. Não fosse o celeiro de Amor da Misericórdia e certamente a humanidade, por si mesma, já teria se dizimado, tamanho o barbarismo emocional que não distancia muito o homem atual de certas espécies irracionais, nos campos da violência e da indiferença.

Colaboremos com o Pai. Amemos intensa e nobremente. Rica expressão do Amor Divino, a vida nos recompensará com farta nutrição que jamais nos deixará sentir a falta do essencial para sermos felizes.

Capítulo 16

Aprender a fazer

"Não nos referimos, porém, à educação moral pelos livros e sim à que consiste na arte de formar os caracteres, à que incute hábitos, porquanto a educação é o conjunto dos hábitos adquiridos."

O livro dos espíritos – questão 685a.

Os rumos educacionais do século 21 apontam o ato de saber fazer como um dos quatro pilares do processo de desenvolvimento dos potenciais humanos. Extremamente coerente com a evolução, esse aprender a fazer leva-nos a ricas inferências para o modelo espírita da educação.

A informação espírita é cultura, e a cultura em si não abriga o saber, porque o saber implica o uso da informação para gerar a transformação - meta essencial da proposta espírita.

Conciliando as assertivas educacionais da modernidade, percebemos, através de avaliações sinceras, que nossas agremiações doutrinárias cumprem com a valorosa missão do esclarecimento, apontando as diretrizes do que se deve fazer, contudo, ficam evidentes as necessidades prementes sobre o como fazer. Indicar roteiros nem sempre será garantia de melhoria, porque cada individualidade traz em sua bagagem maior ou menor facilidade de compreensão das Verdades Cósmicas. Por essa razão, o estudo minucioso do saber como fazer inclui a interação do aprendiz com os veiculadores do conhecimento em tarefas grupais, participativas, dialogais, com plena troca de informações na construção do saber.

Podemos deixar algumas questões, entre diversas, que nos compete formular, a fim de aquilatar a extensão do quanto temos de aprender acerca do como fazer.

São elas:

Como aprender a dialogar? Como amar a si mesmo? Qual a fórmula para efetivar o perdão verdadeiro? Qual o remédio para o melindre? Existe uma forma de controle da irritação? Como vencer os conflitos sexuais? Como amar os inimigos? Como superar os impulsos mentais de violência? Como dominar as desordens nos raciocínios, quando nos encontramos sob pressão? Como discordar e criticar sem gostar menos? Qual o caminho para formar uma equipe harmoniosa? Qual a forma prática para sermos bons parceiros dos bons espíritos? Como penetrar nos labirintos do personalismo em nossa intimidade? Como fazer o autoconhecimento?

O momento das vivências espíritas conclama uma tomada de posição nova. A ênfase dada à instrução precisa ser seguida de uma pedagogia mais palpável que permita aos estudantes espíritas a melhor absorção vivencial dos conhecimentos. Levemos o ensino da casa espírita para "fora de si mesma" em atos e decisões que comprovem sua efetiva adequação ao entendimento; somente dessa forma estaremos trabalhando pela construção do saber em nós mesmos. A isso denominamos contextualização - aplicação prática e desenvolvimento de habilidades a partir dos conteúdos espíritas adquiridos nas abençoadas tarefas do estudo.

Nesse prisma, a convivência ganha conotações de caráter disciplinar e motivador a inestimáveis lições no cadinho do autoburilamento espiritual.

O saber fazer implica um compromisso de grandes proporções, concitando-nos a mudanças profundas.

O centro espírita, quando escola do espírito, apresenta, na sua operosidade, elementos estimuladores a esse imperativo de solidificar em grupo os alicerces individuais do saber que cada qual dará conta na sua faina renovadora, contextualizando-o na intimidade.

Em auxílio a esse assunto, enumeremos quatro referências que merecem reciclagem e aperfeiçoamento na criação de ambientes educativos, que melhor permitam aos partícipes um eloquente encontro consigo mesmo, que, sem dúvida, é o ponto de partida para deflagrar o aprender a fazer:

• A transmissão do conteúdo - não é mais importante acumular informação, mas saber pensar, saber organizar o trabalho, saber gerenciar o conhecimento. Contextualizar é aprender a estabelecer uma relação de parceria com o conhecimento espírita, a fim de transformá-lo em instrumento do crescimento pessoal. A forma tradicional de transmitir conteúdos, centrados em programas e divulgadores do ensino doutrinário, reduz a capacidade comunicativa, que deve ser uma via de mão dupla, e incentiva a adoção de dogmas na informação doutrinária, sob o influxo de velhos atavismos da alma.

• A Pedagogia do Afeto - é a didática da relação dialogal, relação parceira, interativa, pois na vida social a relação nunca é monologal. A massificação é fator dispersivo, daí o valor dos grupos. Quando esse conhecimento é passado como conteúdo – informação pronta – o educando deixa de ter a oportunidade de dar a ele os seus significados, seus sentidos, e então o saber perde o colorido da representação individual capaz de contextualizar as vivências gerando a "Ética do ser". Ter conhecimento é diferente de "ser" o conhecimento.

• Os projetos vivenciais - além de gestor do conhecimento, o centro espírita deve ser um laboratório de encontros humanos, com projetos de estudo e oficinas para esferas específicas de necessidades, mentalidade educativa centrada em valores pelo desenvolvimento de competências, dinâmicas de expressão e criatividade nos campos da vida interpessoal.

• Os relacionamentos educativos – os projetos não podem ser artificiais. Sua eficácia é comprovada no próprio círculo onde se efetiva, através de relações de afeto que são tecidas entre os convivas, base segura e produtiva para grupos que buscam contextualização. Os valores do respeito e da solidariedade mútua garantem a expressão dos significados pessoais e a valorização de todas as atividades.

*"O essencial é invisível
aos olhos."*

Capítulo 17

Camuflagens e projeções

"Além dos notoriamente malignos, que se insinuam nas reuniões, há os que, pelo próprio caráter, levam consigo a perturbação a toda parte aonde vão: nunca, portanto, será demasiada toda a circunspeção, na admissão de elementos novos."

O livro dos médiuns – cap. 29 – item 338.

As transferências e as camuflagens na esfera dos sentimentos são fenômenos complexos e rotineiros nos relacionamentos.

Conhecidos pela psicanálise como mecanismos de defesa do inconsciente, as projeções e camuflagens afetivas ocorrem em razão de processos educacionais da infância, centrados no ego, ou por impulsos de núcleos afetivos consolidados em outras reencarnações, ou ainda pelo desconhecimento de si mesmo, sendo capazes, todas essas causas, de gerar extensas lutas íntimas e trágicas provas no quadro dos envolvimentos passionais.

O reflexo mais eminente da presença de semelhantes defesas psíquicas é a perda da autencidade humana. Na medida em que vai amadurecendo física e psicologicamente, a criança, o jovem e mais tarde o adulto, aprendem a esconderem-se de si e do mundo, gerando um complicado mecanismo para atendimento dos apelos sociais e paternais, quase sempre, em desacordo com sua autêntica personalidade.

Perdendo a autenticidade o ser não se plenifica, arroja-se no desajuste ensejando o fervilhar de culpas de outras vidas que não foram absorvidas, vivendo infeliz e sob intensa pressão interna em neuroses de longo curso.

Dependência, ciúme, possessividade e medo comandam as atitudes em direção a relações imaturas, sofríveis, pobres de confiança e caráter, ensejando a potencialização dessas camuflagens psicológicas junto aos grupos de ação do ser humano.

Os "esconderijos psíquicos" têm como origem mais saliente o medo: medo de si mesmo, medo de seus verdadeiros sentimentos. Não havendo coragem suficiente e nem desejo para tal, a criatura foge do autoencontro, incapacitando-se, a cada fuga, em dominar sua vida interior, deixando escapar a chance de olhar-se no espelho da consciência e cuidar de sua realidade transitória, resgatando a sua realidade natural e Divina.

Esse encontro, porque é doloroso, quanto mais for adiado mais a constrangirá a chegar com um "eu falso" que lhe impõe sentimentos de desconforto e falsidade, caso possua um mínimo de formação ética, ou então faz-lha penetrar na conduta degenerada caso ela desista de entender o que se passa consigo mesma, ante o caleidoscópio de seus sentimentos e pensamentos confusos e inconstantes acerca do querer e do gostar.

Nas relações espíritas notabiliza-se um fato específico, credor de estudo e meditação. Camuflam-se desejos sexuais e afetivos, que são transferidos para outras vivências reencarnatórias, escondendo o verdadeiro sentimento de sua presente existência, evitando admiti-lo. Sentimentos esses que maceram e doem na acústica do coração e da consciência, mas que, queiramos ou não, despontam na vida de relação.

Muitos amigos queridos do ideal, utilizando-se de expedientes humorísticos pouco sérios, zombam desses sentimentos tratando-os com brincadeiras, a fim de não ter que olhar para os mesmos com a seriedade que eles merecem em favor da própria paz. Frases que parecem ingênuas podem, em muitos casos, carregar dramas de largo curso, tais como: "já devemos ter sido muito íntimos", "aquela pessoa deve ser minha alma gêmea", "tenho uma afinidade especial com tal coração", "sinto como se ele fosse meu pai", "há uma coisa muito forte que nos une, devemos ter vivido juntos"...

Vigiemos semelhante comportamento, perguntando-nos, com honestidade, qual a certeza e fundamento lógico temos para afirmar que as raízes de tais emoções pertencem ao passado de outras existências corporais. Para vós outros que estais na carne, agraciados com o esquecimento cerebral, torna-se mais difícil ainda tecer afirmativas verdadeiras sobre semelhante ocorrência. Ainda que sejam sentimentos ou lembranças de outras vidas, se elas se encontram ativas na vida presente, importa o que se sente hoje, devem ser elaborados como pertencentes à atualidade.

Se tais incursões mnemônicas são permitidas é com função educativa e não para que tenhamos um "lugarzinho na mente", como se fosse um álibi com o qual possamos justificar, uns perante os outros, tudo aquilo que sentimos e não deveríamos. Isso não nos torna menos responsáveis pela vida afetiva. Assumamos com responsabilidade os nossos sentimentos, conhecendo-lhes os motivos, olhando para eles de frente, sem temor ou vergonha. Essa é a primeira condição para os transformarmos em valores espirituais que impulsionam a evolução.

Entendamos por assumir sentimentos, o serviço de autoconhecimento e autoaceitação dos mesmos em nós com finalidades superiores, longe do assumir de alguns profissionais levianos e descuidados que induzem seus pacientes a admitirem e viverem intensamente o seu lado sombra.

Como espíritas lúcidos, ao contrário, vamos assumir o nosso lado nobre e Divino, esquecido ou ainda não devassado pela sonda do autodescobrimento.

Tenhamos sobriedade e dispemo-nos dessas máscaras perniciosas do relacionamento.

Rompamos com essas fantasias de outras vidas e definamos o processo das afinidades e desafeições, buscando entender as razões atuais de tais ocorrências do coração. Entendamos as causas presentes das antipatias e simpatias e honremo-las com uma conduta ética e ilibada.

Não podemos deixar de nomear essa situação como uma atitude infeliz. Ao ficarmos camuflando sentimentos que temos uns com os outros, atribuindo-os a existências anteriores, perdemos a oportunidade responsável de travar contato com nosso mundo profundo e subjetivo em busca do autêntico amor e dos necessários ajustes emocionais que fazem parte do aprimoramento pessoal.

Nossa primeira tarefa ao depararmos com os sentimentos que não gostaríamos ou deveríamos estar sentindo, em favor do bem alheio e de nós próprios, é estudar nossas reações e edificar as soluções adequadas ao melhor encaminhamento dos pendores da afetividade.

Por sua vez, as projeções são mais complexas ainda, porque, além dos fatores causais pertinentes às camuflagens, elas contêm ainda uma outra matriz infelicitadora: a obsessão.

O jogo das aparências entre os homens, mormente nesses dias de mídia exacerbada e desumana competitividade, faz com que a "comparação patológica" estabeleça complexos e síndromes sui generis no capítulo das doenças do afeto e do psiquismo. Elencando valores fictícios e fugazes como a beleza perfeita, o status cultural e social, a felicidade pela posse e o sucesso no amor pelo sexo, a sociedade, desbaratada com o fenômeno da vaidade e da aparência, impõe que as pessoas se comparem sempre "para cima" e nunca "para baixo", ou seja, deseja-se o que o outro tem de melhor – o que seria muito natural não fossem os sentimentos inferiores e os complexos que se formam a partir dessas confrontações. Na mira das comparações, não havendo a possibilidade de adquirir ou ser como o outro, estabelece-se frustrações e conflitos interiores que, não sendo bem administrados, podem raiar para neuroses múltiplas.

Entre espíritas, já que os valores morais e os bons exemplos são estimulados, as referências costumam surgir no campo das realizações espirituais. Constatadas as possibilidades alheias no bem, a criatura com menos experiência, se não administrar bem suas projeções, estabelecerá comparações que conduzirão à falsa modéstia ou ao desânimo, confrontando sua suposta incapacidade em função da desenvoltura do outro, projetando sua limitação sem absorver o exemplo alheio.

Muitas vezes ocorre um processo de idealização no outro daquilo que não conseguimos êxito no relacionamento conjugal, profissional ou cultural, levando a sentimentos que são nomeados como "velhas afinidades", quando, em verdade, estamos arquitetando oportunidades junto com o outro ou desejando intensamente sua participação em nossa vida para fruir com ele o que lhe pertence no terreno das conquistas, incensando a princípio uma amizade e, mais adiante, possivelmente, um relacionamento amoroso. É a realização no outro daquilo que gostaríamos de ser, um processo sutil que pode tornar-se dolorosa prisão de compensação e escravização afetiva, levando a uma "coagulação dos sentimentos".

Outra faceta mais conhecida das projeções é a dos defeitos, nas quais vemos nossas imperfeições mais marcantes e menos admitidas para nós na pessoa do outro.

A valorização das próprias potencialidades, na medida em que são descobertas, é a receita para lidar com as projeções de modo proveitoso para o crescimento pessoal. Aprender a estabelecer comparações com o mundo subjetivo e real das criaturas, a essência do ser humano, o que de fato ele é, sua realidade profunda, eis a grande meta a que devemos devotar, conforme assevera Antoine de Saint-exupery, "o essencial é invisível aos olhos".

Enquanto mantivermos sintonia com as carapaças sócio-humanas estaremos apenas vivendo na superficialidade das emoções, atraídos para realidades fugazes, quais crianças que tomam brinquedos umas das outras e logo os largam para novas investidas sem rumo e objetivo!

Somente treinando e desenvolvendo a sensibilidade enobrecedora estaremos aptos a fazer comparações e projeções mais sadias, promotoras de paz e contentamento espiritual, fruto da resignação dinâmica, ativa.

Eduquemo-nos para essa viagem ao mundo subjetivo do Espírito, em plena carne, porém lúcidos e em estado de alerta mental. Aprendamos a compararmo-nos com o velho, o doente, o sábio sem diplomas, a quem ninguém quer se comparar, ou ainda com aqueles que agora estão no arrependimento sobre um leito de dor, sem tempo e sem mais opções de progresso, esperando a presença da morte para ajuizar sobre seu futuro. Comparemo-nos com aqueles que agora se encontram no ocaso da vida, avaliando sua existência com enorme sentimento de perda, asilando uma frágil esperança de paz para sua consciência. Avaliemo-nos no momento atual, frente àqueles que renascerão em situações mais dolorosas e que revoltam e odeiam a vida, dispostos a qualquer ato infeliz.

Reflitamos sempre, em nossas comparações, nos que têm menos, nos menos apreciados pelo mundo social, elastecendo a sensibilidade para o que se passa invisível aos olhos comuns, e perceberemos lições estimuladoras e preenchedoras de júbilo com o que somos e temos.

Aliás, sem exageros, o que destacamos de menos bom em nosso próximo quase sempre trazemos em nós mesmos. Se não for uma experiência do presente poderá ser uma imperfeição de outrora que, embora vencida ou dominada, tem registros claros na intimidade que facilitam percebê-la em outras pessoas na atual existência, com fins reeducativos.

Vejamos as camuflagens e projeções como etapas do aprendizado afetivo, fenômenos comuns do sentimento humano, mas que carecem educação e responsabilidade para serem conduzidos a fins superiores. São processos de defesa da mente para abrandar a angústia da inferioridade humana que com o tempo superaremos.

Na medida em que lhes entendemos a forma de exprimir na personalidade, dilatamos as chances de autoconhecimento, pois são "pistas" sobre nós mesmos. O que tentamos esconder ou projetamos no mundo das formas são expressões do mundo profundo e podem ser fortes aliados no bom combate, naquele que consiste em lutarmos conosco mesmo, transformando hábitos e edificando sentimentos mais afinados com o verdadeiro amor, proposto pelo Evangelho, e com a rota de espiritualização apontada pelos conceitos espíritas.

Mediante a colocação do codificador na referência citada anteriormente, compreendemos bem a importância da circunspecção de elementos novos em nossos grupos, em se considerando o desconhecido mundo interior.

Circunspecção, no entanto, deve significar acolhimento fraternal ao novato frequentador para propiciar-lhe as condições de fazer esse mergulho no mar de si mesmo, sem afogar-se nos sentimentos de insuficiência, decepção e tristeza.

Circunspecção quer dizer "exame demorado, atenção, prudência", o que nos leva a concluir que esse acolhimento, essa recepção é um serviço do tempo para o bem de todos, mas não pode deixar de ser feita, porque se analisarmos bem, o movimento espírita é um somatório geral de todas as nossas qualidades e esforços, mas também das projeções e camuflagens. Pensemos e debatamos, portanto, o quanto tudo será diferente quando aprendermos a circunspecção espírita, fazendo das agremiações doutrinárias uma escola do espírito destinada a desenvolver condições íntimas para a humanidade ser mais feliz e autêntica!

"O trabalhador em busca de reconhecimento pessoal efetivamente não serve à causa de Jesus."

Capítulo 18

Vício de prestígio

"O choque, que o homem experimenta, do egoísmo dos outros é o que muitas vezes o faz egoísta, por sentir a necessidade de colocar-se na defensiva. Notando que os outros pensam em si próprios e não nele, ei-lo levado a ocupar-se consigo, mais do que com os outros. Sirva de base às instituições sociais, às relações legais de povo a povo e de homem a homem o princípio da caridade e da fraternidade e cada um pensará menos na sua pessoa, assim veja que outros nela pensaram. Todos experimentarão a influência moralizadora do exemplo e do contato. Em face do atual extravasamento de egoísmo, grande virtude é verdadeiramente necessária, para que alguém renuncie à sua personalidade em proveito dos outros, que, de ordinário, absolutamente lhe não agradecem."

O livro dos espíritos – questão 917

Acostumamos enunciar nos meios espíritas que somos orgulhosos. Admitimos essa imperfeição, mas temos de reconhecer que ainda somos inaptos para detectar seus traços em nossa personalidade. Façamos então uma singela análise em uma de suas mais variadas manifestações sutis. Analisemos a esfera da vaidade!

O perfil moral dos habitantes da Terra guarda uma feição comum que é a necessidade de valorização e reconhecimento pessoal, o que seria muito natural não fosse nossa paixão no egoísmo. No entanto essa necessidade tem constituído uma tormenta social: considerando que todos querem ser prestigiados, quem ficará para prestigiar?

Pouquíssimos são os que se encontram sensibilizados para a arte da alteridade, dispostos a destacar conquistas e valores no outro. Esse é o choque do egoísmo a que se refere Fénelon: "cada um querendo que o outro pense nele sem se preocupar com os demais, oferecendo motivações para o descaso e o egocentrismo."

Observe o amigo da Terra um exemplo. Se você iniciar uma narrativa que destaque seus valores individuais ou algum episódio de êxito na sua existência, quem estiver lhe ouvindo logo iniciará um processo similar, sem sequer ocupar-se em ouvir sua história ou dela tirar algum proveito. É como diz Fénelon: "Notando que os outros pensam em si próprios e não nele, ei-lo levado a ocupar-se consigo, mais do que com os outros."

O vício de prestígio consome a criatura em disputas inglórias e imaginárias por apreço e consideração. O mundo mental desses viciados desgasta-se em busca da aprovação de todos, e quando alguém não lhe rende as homenagens e tributos esperados, é considerado um opositor ou indiferente. Seu principal malefício é essa espera de aceitação e consideração incondicionais, como se todas as pessoas tivessem a obrigação de enaltecê-lo.

Como é portador de muita suscetibilidade, pequenas desatenções e discordâncias são recebidas pelo viciado com revolta e mágoa suficientes para instalar um pânico de revolta íntima, como se mentalmente indagasse: "por que esse súdito não me homenageou?"

Assim como existe a dependência química de tóxicos, existe a dependência psíquica de evidência e reconhecimento individual. Esse tipo de viciado é escravo da autoimagem exacerbada que faz de si mesmo.

Podemos verificar as causas desse vício na infância, quando a criança é levada a níveis abusivos de repressão no lar, dependendo de aprovação para tudo, tornando-se insegura, sem autoconfiança, crescendo como um adulto frustrado; verificamos as raízes desse mal, de forma ainda mais intensa, nas pregressas existências, quando a alma acostumou-se aos luxuosos títulos sociais e às honras individualistas que sempre lhe alimentavam o ego insaciável, na sedimentação da cultura do melhor em tudo.

A educação na sociedade moderna destina-se ao aplauso, ao êxito, e raramente educa-se para saber perder ou lidar bem com derrotas e críticas. Treina-se para a passarela do sucesso e a necessidade de aprovação e reconhecimento social, sem se preparar para o autoamor. O vício de prestígio é um sintoma claro de que não nos plenificamos com nós mesmos, de ausência de autorrealização e de amor próprio. Se nos amássemos, não teríamos tanta dependência de opiniões e atitudes alheias.

O que impulsiona esse vício, mais que a necessidade de ser aceito, é o medo da rejeição: um dos sentimentos mais camuflados e comuns da humanidade, que pode ser estimulado pelas causas já citadas.

Esse cenário moral é um convite imperioso para que trabalhemos pela formação de um perímetro de relações sinceras, onde se possa forjar o caráter, objetivando a aquisição dos hábitos altruístas e o desprendimento dessa neurótica necessidade de tributos personalísticos. Recordemos a oportuna recomendação de Jesus para convidarmos coxos e estropiados quando dermos um banquete...[1]

Tal quadro de indigência espiritual e afetiva induz-nos a grave reflexão: estariam nossos círculos de Espiritismo Cristão atendendo a essa construção do ambiente regenerativo de nossas almas? Ou será que, mesmo nas frentes de serviços com Jesus, estaríamos cultivando as amizades de conveniência que nos garantam a nutrição da bajulação, mantendo os fardos de glórias pessoais?

O momento de transição da humanidade é instante de árduas comoções. O egoísmo precisa ser estirpado e para isso somos todos convidados, de uma ou de outra

---
[1] Lucas 14:12-14

forma, a descer dos tronos da falsa superioridade ou sair da cabeceira das decisões individualistas.

É tempo de abnegação e renúncia!

Convenhamos: nossa parcela de personalismo é enorme, mesmo nas lições de amor às quais nos afeiçoamos junto aos labores doutrinários. Anotemos assim algumas de suas rotineiras formas de se apresentar, a fim de matricularmo-nos numa autoavaliação sobre a possibilidade de ainda nos encontrarmos prazerosos com o vício do prestígio pessoal:

- Aversão a crítica.

- Mendicância de reverência.

- Gosto pela pompa.

- Imposição de pontos de vista.

- Melindre nas discordâncias.

- Mágoa alimentada.

- Importância conferida ao nosso nome.

- Apego a tarefas.

- Vício do elogio.

Com todo o respeito que devemos uns aos outros, não podemos deixar de assinalar que entre nós, os devotos da causa espírita, encontram-se lamentáveis episódios de vaidade. Alguns corações, mais doentes que mal intencionados, não conseguiriam manter-se espíritas sem a reverência coletiva!!!...

Contudo, a "vitrine da fama" não foi feita para os discípulos do Cristo, e nossa maior conquista espiritual é o poder de negar a si mesmo. O trabalhador em busca de reconhecimento pessoal efetivamente não serve à causa de Jesus.

Fénelon refere-se à força moralizadora do exemplo como forma de renovar as relações de homem a homem. Certamente essa indicativa é admirável receita para nossa recuperação frente ao descontrolado vício de ser valorizado. E para iniciarmos um processo educativo nesse sentido, deixemos uma dica preciosa na mudança dos nossos hábitos: comecemos a falar menos de nós e estejamos mais atentos em prestigiar o outro.

Capítulo 19

Etapas da alteridade

"Necessária é a variedade das aptidões, a fim de que cada um possa concorrer para a execução dos desígnios da Providência, no limite do desenvolvimento de suas forças físicas e intelectuais."

O livro dos espíritos - questão 804.

Alteridade, uma palavra que merece atenção nos programas de educação e melhora à luz do Espiritismo humanitário.

Consideremo-la como sendo a singularidade alheia, o distinto, aquilo que é "outro", a diferença que marca a personalidade de nosso próximo.

Nas abordagens filosóficas, a alteridade tem conotações de rara beleza e profundidade demonstrando a importância da diversidade humana. Entretanto, interessa-nos, mais de perto, seu enfoque ético na convivência.

O trato humano com a diferença, da qual o outro é portador, tem sido motivo para variados graus de conflitos e adversidades. Inclusive, entre os seareiros da causa espírita, observa-se o desafio que constitui estabelecer uma relação harmoniosa e fraterna, quando se trata de alguém que não pensa igual ou que foge aos convencionais padrões de ação e pensamento, perante as tarefas promovidas nos círculos doutrinários.

Frequentemente, a dificuldade em manter a fraternidade com as diferenças e os diferentes tem ocasionado um lamentável fenômeno comportamental na sociedade: a indiferença. A indiferença é a negação da diferença; o outro não faz diferença nenhuma, é um bloqueio deliberado ou inconsciente ao distinto, àquilo que não é o "eu". Não havendo disposição ou mesmo possibilidade de compatibilidade entre aptidões ou no terreno do entendimento, adota-se a exclusão afetiva como suposta solução para os embates do relacionamento. Leves aborrecimentos e decepções enfraquecem as expectativas e as frágeis amizades levando muito facilmente as criaturas à mágoa e mesmo ao revanchismo.

Conviver é, de fato, um desafio. A humanidade terrena, nesse início do terceiro milênio, começa a se preocupar em delinear nos seus projetos educacionais a habilidade de aprender a conviver como um dos quatro magistrais pilares para todos os conteúdos das escolas do mundo. Muito relevante essa medida, tomando por base que esse será o milênio do homem interior, em contraposição aos últimos mil anos que fundamentaram a era do homem exterior, o homem das conquistas para fora, sendo agora o momento das conquistas e vitórias íntimas: a era do amor falado, sentido e aplicado.

A indiferença provoca uma quase total ausência de solidariedade nas relações entre os homens. O egoísmo é o responsável por essa calamidade da vida humana, levando ao esfriamento da sensibilidade ante tanto desrespeito e violência.

Compreender as etapas da alteridade nos mecanismos afetivos, sob o prisma do progresso espiritual, é fundamental para procedermos a uma autoavaliação de nossa posição íntima.

Delineemos essas etapas do crescimento moral e espiritual em três: primeiro o desejo de melhora, posteriormente a interiorização e finalmente a transformação. Em cada uma dessas vivências, dilata-se a consciência para uma concepção mais apurada daqueles que viajam conosco no caminho das experiências de cada instante. Em cada uma, a singularidade "daquele que é outro" toma uma conotação de conformidade com a maturidade afetiva e moral de cada um.

Antes de assinalarmos as características pertinentes a cada passo, deixemos claro que todo processo de mudança interior obedece a esse espírito de sequência natural. Sem desejo de melhora não existe motivação para quaisquer empreendimentos de renovação. Sem a etapa da interiorização não se deflagra o conhecimento fidedigno do trabalho a ser efetuado na intimidade de si mesmo. E a transformação é o resultado e o objetivo para o qual todos caminhamos na evolução. Esse dinamismo interior é processual e ninguém estagia em uma ou outra etapa separadamente. No entanto, para efeitos didáticos, analisemos o que costuma suceder-se na vida afetiva ao longo dessa caminhada, dentro da relação eu e o outro, para quantos tomam contato com as luzes do Espiritismo:

Desejo de melhora - período em que nos ocupamos pelas ações no bem. Etapa marcada pelo conhecimento espiritual criando conflitos íntimos, impulsionando novos posicionamentos. A necessidade de mudança será proporcional ao nível de maturidade de cada criatura. Nessa fase o outro ainda é uma referência de incômodo, disputa e ameaça, quase um adversário para quem são dirigidas cobranças não suportáveis a si mesmo. Tal estado psicológico instiga o julgamento inflexível através da análise para fora. O principal traço afetivo é a simpatia pelos iguais, aqueles que pensam conforme pensamos, que esposam pontos de vista idênticos. Embora seja um instante de muita "convulsão" nas metas e propósitos de vida, é quando o homem se define por uma nova opção de melhora com base na vida futura, na imortalidade e na ascensão. O convite ético do Espiritismo chega-lhe como consolo e também um abalo nas convicções. Mesmo o próximo não sendo ainda respeitado na sua diferença, trata-se do início da morte da indiferença. Apesar de não aceitar os diferentes, já se incomoda com eles, querendo modificá-los: um efetivo sinal de mutação na forma de sentir. Afetivamente não é uma postura ajustada, mas é uma estrada que se abre para superar a tendência de marginalização e impulso para repensarmos a nossa individualidade até alcançarmos a interiorização.

Interiorização - se na fase anterior a prioridade era a ação, aqui o aprendiz das questões do espírito volta-se para estudar suas reações íntimas. O conhecimento sai da esfera puramente intelectiva para o campo das reflexões sentidas, motivando a busca de estados mentais de harmonia. O outro promove-se à condição de espelho das necessidades de nosso aperfeiçoamento, uma extensão de nós próprios que deflagra o processo educativo; afetivamente toma a conotação daquele que nos leva a novos e mais elevados sentimentos. Esse é o estado psicológico da busca de entendimento e do autoconhecimento, uma análise para dentro. Há uma dilatação da sensibilidade para com a diferença alheia, seguida de mais intensa aceitação, disposição para o perdão e a concórdia. Começa-se assim a compreensão da importância que tem a diversidade de aptidões. O desigual passa a ser visto como alguém importante para o nosso crescimento pessoal. A maleabilidade, a assertividade, a empatia e outras habilidades emocionais passam a ser usadas com mais intensidade. Todas essas posturas sedimentam valores novos no rumo da transformação.

Transformação - os valores interiorizados atingem o campo dos sentimentos, é a mudança real. O outro é alteridade, distinção; é o estado psicológico do amor em que a diferença do outro passa a ser incondicionalmente aprovada e, mais que isso, compreendida como indispensável lição de complementaridade. Nessa etapa aprende-se não só a aceitar os diferentes como se consegue aprender com eles, amá-los na sua maneira de ser. É a etapa da felicidade. O outro jamais poderá ser motivo para decepções e mágoas e, ainda que as tenhamos, saberemos como lidar bem com elas. A autonomia e a liberdade não permitem amarras e dependência, opressão e sentimentalismo. Aprende-se o autoamor e por consequência ama-se sem sofrimento, sem sacrifícios; ama-se porque o amor é preenchedor e isso, definitivamente, basta.

Jesus, na Parábola do Semeador, quando fala dos vários terrenos em que foram distribuídas as sementes, deixa-nos um tratado sobre a alteridade e suas etapas. Os solos da narrativa correspondem aos níveis evolutivos em que cada qual dará frutos, conforme suas possibilidades.

O aprendizado da reforma íntima, inevitavelmente, percorre esses degraus de aprimoramento. A análise sincera dos sentimentos que se movimentam na esfera dos corações nessa marcha de crescimento nos permitirá proceder ao conhecimento de si próprio com mais êxito.

Não esqueçamos, em nosso favor, que em qualquer tempo e lugar, diferenças não são defeitos, os diferentes necessariamente não são oponentes, e a indiferença é o recolhimento egoísta do afeto na escura masmorra do desamor. Nossa harmonia é construída no cultivo das virtudes da indulgência, da fraternidade e do acolhimento.

Ação, reação, transformação: caminhos da alteridade.

Morte da indiferença, autoconhecimento, amor: caminhos da felicidade.

Em qualquer etapa: sempre alteridade na erradicação do personalismo.

Hosanas às diferenças e aos diferentes!

"Azedume é atestado de escassa inteligência emocional ou incapacidade de controle e vigilância sobre os patrimônios da afetividade."

Capítulo 20

Azedume, temperamento epidêmico

"Todas as vezes, pois, que, num grupo, um dos seus componentes cai na armadilha, cumpre-se proclame que há no campo um inimigo, um lobo no redil, e que todos se ponham em guarda, visto ser mais que provável a multiplicação de suas tentativas. Se enérgica resistência o não levar ao desânimo, a obsessão se tornará mal contagioso, que se manifestará nos médiuns, pela perturbação da mediunidade, e nos outros pela hostilidade dos sentimentos, pela perversão do senso moral e pela turbação da harmonia. Como a caridade é o mais forte antídoto desse veneno, o sentimento da caridade é o que eles mais procuram abafar. Não se deve, portanto, esperar que o mal se haja tornado incurável, para remediá-lo; não se deve, sequer, esperar que os primeiros sintomas se manifestem; o de que se deve cuidar, acima de tudo, é de preveni-lo. Para isso, dois meios há eficazes, se forem bem aplicados: a prece feita do coração e o estudo atento dos menores sinais que revelam a presença de Espíritos mistificadores. O primeiro atrai os bons Espíritos, que só assistem zelosamente os que os secundam, mediante a confiança em Deus; o outro prova aos maus que estão lidando com pessoas bastante clarividentes e bastante sensatas, para se não deixarem ludibriar."

O livro dos médiuns - cap. 29 - item 340.

Retifiquemos os conceitos sobre o azedume em favor do nosso autoconhecimento e vigilância.

Azedume não é traço emocional somente de mal-humorados e irritadiços, pois ultrapassa essas conotações mais conhecidas e encontra-se na raiz de muitos quadros comportamentais da vida moderna.

O processo químico de azedar ocorre, igualmente, nos campos vibratórios humanos. É similar à fermentação que tornam alguns alimentos imprestáveis e fazem de outros uma fonte de transformação e reciclagem.

No mundo das vibrações, azedar é pestiar a corrente centrífuga do perispírito de teores energéticos inferiores, acidulantes.

Sua causa-matriz, na maioria dos casos, é a pertinaz insatisfação com a existência carnal da atualidade com escassa gratificação e prazer. Não significa privação exterior, mas inibição íntima. Homens existem que vivem no desperdício de recursos para a autorrealização, no entanto, não conseguem fruir afetivamente a satisfação com o que possuem, sobraçando em queixume e irritabilidade ao menor sinal de contrariedades com as quais convivem continuamente, em face de acentuada predisposição a incomodar-se com bagatelas da vida. É uma permanente insatisfação, em verdade com origem na individualidade espiritual.

Azedume é a postura de revolta muda e impulsiva da criatura que se abateu na luta pela superação de seus desgostos e desamor a si mesmo. Tal estado de perturbação do afeto é uma fuga de difícil diagnóstico até aos mais experientes médicos, e apresenta variado quadro de sintomas avaliados, habitualmente, como quadros mentais patológicos ou obsessões pertinazes.

Tomemo-lo como uma espécie de neurose original, ou seja, um desajuste entre as escolhas pré-reencarnatórias e a sua realidade na Terra. O desconforto e a inaceitação geram uma insatisfação seguida de alterações no estado de humor, tipificando-se em múltiplos processos morais, psíquicos e emocionais.

Fenômeno muito sutil da vida mental e emocional, porque enreda o doente no sofrimento sem que se lhe possa entender de imediato as razões causais profundas, que estão nos estados interiores de desagrado e inconformação com as provas da existência. Algumas de suas facetas são a autopiedade, irritação, tendência agressiva, revide, aspereza, amargura, rigidez de caráter, depressões, aversões a locais, assuntos e pessoas, pessimismo, antipatia, perfeccionismo, deficitária autoestima, bloqueio do afeto, revolta e até ódio; fatores esses que levam a extremas pressões psíquicas decorrentes de faixas mentais de ansiedade e preocupação confirmando um caso de auto-obsessão, em muitas ocasiões, seguidas de influenciações de outras mentes desencarnadas.

Apresenta-se como situação comum nos dias atuais, em que a ilusão infla a mentira e convence os incautos a escravizarem-se a modismos e estereótipos sociais de consumismo, sob a proteção do materialismo.

Revoltados com o corpo, abatem-se sob o sentimento do azedume em síndrome de inveja ante as infelizes comparações com aqueles que desfilam nas bajuladas passarelas públicas da elegância e da beleza.

Inconformados com a condição social, permitem-se a aspereza ante perdas e insucessos ou os atraem, quando se prendem a raciocínios que lhes fazem sentir injustiçados e "sem sorte".

Infelizes com as uniões matrimoniais, homens e mulheres azedam o clima do lar em declarada "guerra do coração" por não conquistarem as expectativas alentadas com o enlace.

Inveja, perdas e expectativas não atendidas são pólos de atração para a insatisfação que se transformam em ingratidão, raiva, desânimo e desequilíbrio.

"Provas-surpresas" são outra fonte frequente, quando a criatura é colhida por fatos inesperados e periódicos, aferindo sua resistência e inteligência intrapessoal para conduzir as emoções às melhores possibilidades no encontro das soluções perante os revezes.

Azedume é atestado de escassa inteligência emocional ou incapacidade de controle e vigilância sobre os patrimônios da afetividade. As neurociências, no futuro, constatarão nosologias neurológicas provenientes dessa "rebeldia com a vida", e a psiquiatria acatará essa "neurose original" como etiologia presente nos capítulos da distimia crônica.

Não bastasse a raiva infelicitadora para quem o cultiva, o azedume é contagioso. Epidemia moderna crescente que surge em grupos através de sinergia e "simbiose-indutora". O clima quase generalizado de descontentamento dilata-lhe a ação estabelecendo psicosferas acres, com teores energéticos que dispõem a variados distúrbios físicos, dolorosa pressão mental e estranhos sentimentos na convivência. Tais climas são predisponentes à perpetuação do contágio, um temperamento epidêmico!

Nos grupos, as pessoas acometidas pelo azedume agudo evitam conviver, ou se o fazem, recheiam-na de limites desnecessários e distanciadores, empobrecendo as relações, afastando uns e causando desgostos e agastamento a outros, sendo que ela própria, em crise íntima, desconhece estar sob seu domínio, sentindo incômodos inexplicáveis com os quais sofre em larga escala.

O estudo da referência de O livro dos médiuns assinala três reflexos da obsessão sobre aqueles que convivem com o obsidiado: hostilidade dos sentimentos, perversão do senso moral e turbação da harmonia.

Com o azedume não é diferente. Provoca maus sentimentos, subtrai força moral e destrona a harmonia naqueles que, invigilantemente, não adotam os antídotos da caridade na vida interpessoal com os que caíram nas malhas da "azedação psíquica".

Adotemos nas células de labor espiritual os cuidados imprescindíveis com essa epidemia de "cansaço de viver" ou "estresse do espírito", que dorme na incessante postura de reclamar e revoltar-se com o que se é e com o que se tem.

Azedumes em quaisquer circunstâncias precisam de nosso carinho e siso moral para trazermos sua vítima à sobriedade novamente, ampliando-lhe a visão sobre as bênçãos que a vida o brindou, mas que ele ainda não descobriu ou se esqueceu.

O serviço de resgatar essa lucidez terá resultados positivos quando assumir a palavra de orientação, preferencialmente de alguém que superou lutas com as insatisfações comuns da existência, a fim de acenar com caminhos que tocarão o afeto dos descontentes e os chamarão para a conduta de determinação e fé no futuro melhor, seguidos de muito trabalho, dia após dia, cumprindo o dever sem fugir das responsabilidades assumidas antes do renascimento corporal.

*****

Amigos de ideal,

Além das considerações expostas, vale ressaltar que a transformação interior, assumida com decisão e comprometimento, costuma levar o espírito a uma espécie de "convalescença moral" ou "tristeza psíquica", por um período mais ou menos longo, em razão da abstinência dos interesses pessoais enfermiços e das novas metas que agora foram recém-aderidas.

Nessa etapa a vida afetiva pode ficar comprometida por episódios de azedume e sisudez, alimentados pelo próprio orgulho que não se extingue de vez. Um saudosismo do passado assoma-se como resquício mórbido no psiquismo.

Atentemos, portanto, para esse tema e não confundamos ciladas e reações de desencarnados com vivências que, independentemente de forças espirituais, podem trazer-nos muitos desacertos na rotina dos dias em razão de recusarmos, em franca rebeldia, as inibições provacionais construídas por nós mesmos em vidas antecessoras ou nos atuais descuidos da imprudência, da inconsequência e da distração com os deveres.

Atenção para as "pressões psíquicas" e medidas de segurança em relação à "epidemia de azedume" serão fontes protetoras do afeto, mantendo-nos isentos de carregar, desnecessariamente, as correntes inferiores da infelicidade alheia, que está presente em quase todos os lugares.

*"Não basta se tenham
as aparências da pureza;
acima de tudo, é preciso
ter a do coração."*

Capítulo 21

Puritanismo do espírita

"O propósito da religião é conduzir o homem a Deus. Mas o homem só chega a Deus quando está perfeito; portanto, toda religião que não torna o homem melhor não atinge seu objetivo, e aquela sobre a qual o homem pensa poder se apoiar para fazer o mal ou é falsa, ou foi falsificada em seus fundamentos, e é esse o resultado a que chegam todas aquelas em que a forma se impõe ao fundo. A crença, seja ela qual for, na eficiência dos símbolos exteriores é nula se não impede que se cometam homicídios, adultérios, roubos, calúnias e o mal ao próximo. Ela faz supersticiosos, hipócritas ou fanáticos; mas não faz homens de bem. Não basta, portanto, ter aparência de pureza; é preciso, antes de mais nada, ter a pureza de coração."

O evangelho segundo espiritismo – cap. 8– item 10.

O puritanismo de alguns espíritas, nada mais é que a vivência exterior do Espiritismo, a criação de protótipos de conduta através de hábitos e costumes padronizados do tipo "isso pode, aquilo não pode".

O puritano é aquele que tem "códigos de identificação exterior", verdadeiros ritos e chavões doutrinários que são automaticamente esquecidos tão logo se afastem dos locais de pregação e devoção.

Necessariamente o puritano não é um hipócrita, pode estar apenas vivendo um estágio de elaboração íntima na sua melhoria pessoal e necessita de "escoras" e "imitações" para, pouco a pouco, internalizar o que ainda permanece somente na órbita de seus pensamentos sem atingir seu modo de sentir. O problema surge quando há uma preferência por fazer amostragens de conduta espírita, teatralizando comportamentos e discursos com a única intenção de impressionar ou convencer, permanecendo nessa atitude anos após anos sem autenticidade e sinceridade.

A vivência real dos postulados espíritas é íntima no reino dos pensamentos e das tendências, dos sentimentos e dos ideais.

Ser puro é uma questão íntima. Foi Jesus quem disse que o Reino de Deus não viria com aparências exteriores.[1]

---
[1] Lucas 17:20.

Ele também disse que os puros de coração veriam a Deus.[2]

Ser puro é a aspiração evolutiva mais elevada que se pode conceber em nosso estágio de vivências. O puritanismo, ao contrário, é algo exterior, uma "fachada" da atitude que não corresponde a valores autênticos. O rigorismo, o ascetismo e o moralismo são algumas de suas manifestações. No excesso de rigor aplicado ao comportamento próprio e das demais pessoas, é o radicalismo; na recriminação sistemática às questões mundanas é o ascetismo; na adoção constante de procedimentos artificiais aceitos como linhas comportamentais de um determinado grupo, é o moralismo.

Entre convivas espíritas são as ações e costumes tidos como coerentes com aquilo que a comunidade elegeu no seu padrão, criando estereótipos de "religiosos Kardecistas". É algo muito melindroso essa questão do estereótipo! Primeiramente porque pode constituir apenas um comportamento exterior, e depois porque incentiva exclusões e sectarismo para quem não esteja rigidamente de acordo com os perfis socialmente aceitos pela comunidade doutrinária.

O princípio das boas relações com o outro é estar bem consigo e o puritanismo é indício de uma má relação com a vida interior. Quase sempre as atitudes puritanas escondem imperfeições com as quais não se deseja fazer o autoencontro. Como esse enfrentamento é difícil, faz-se uma transferência para o outro, através de mecanismos de defesa, nascendo a postura que denota moralismo ou desajuste com o mundo externo.

---

[2] Mateus 5:8.

Esse moralismo e desajuste podem ser percebidos em ações de recriminação, preconceito e reclusão, inclusive em nossos círculos espiritistas. Evidentemente, o homem agraciado com a luz do conhecimento espírita deverá ter um perfil adequado às propostas morais e sociais que o Espiritismo concita, conquanto devamos reconhecer que a má interpretação desse conhecimento enseja a presença de ostensivo desvirtuamento acerca daquilo que seja ou não essencial e educativo em matéria de conduta espírita.

Algumas temáticas pertinentes à vida no corpo físico demonstram com realismo a tese que estamos defendendo. Basta que façamos algumas interrogações e deixemos o debate ao sabor dos amigos espíritas que se encontram na experiência física: Como tem sido o relacionamento com o dinheiro? Qual tem sido o posicionamento diante das questões da sensualidade e afeto? Que se tem realizado no campo político social? Que contribuições são oferecidas na comunidade do bairro? Como andam as relações com os vizinhos que partilham ritmos de vida diversos? Que contribuição se tem oferecido ao progresso do ambiente profissional de sua atuação? Os impostos são pagos com honestidade? Que cuidados são oferecidos ao corpo físico relativamente à sua beleza e saúde? Que ambientes e hábitos são escolhidos para diversão?

Notem que as indagações são bem pertinentes à sociedade terrena, a escola dos reencarnados. A razão desse enfoque é a de aferir a relação íntima com as questões do vosso mundo, porque a relação perturbada com essas e outras questões pode ensejar um puritanismo, um frágil e artificial relacionamento com as vivências necessárias ao progresso do espírito no mundo corporal.

Puritanismo é passar-se por puro sem o ser.

A pureza na Terra é relativa ao grau de aperfeiçoamento do estágio ainda inferior em que se encontra.

Os grandes homens puros da humanidade viveram no mundo sem ser do mundo, eis a nossa reflexão.

A soma do puritanismo de vários espíritas redunda em fazer do centro espírita ou do movimento uma "ilha paradisíaca" distante das problemáticas da sociedade, criando uma reclusão obstinada e confortável. Porém, espera-se o oposto de todos os homens coroados com a espiritualização de si mesmos. Espera-se aproximá-los o quanto possível, de forma justa e útil, dos assuntos humanos, cooperando com a purificação paulatina da humanidade. Não serão "modelos puritanos", inconsistentes e conversionistas, que promoverão a regeneração. Referimo-nos à participação pró-ativa, não necessariamente em partidos políticos, mas no ambiente onde se vive. Que adiantará para a libertação do passado vergonhoso que acompanha a maioria de nós, se não lograrmos ser alguém melhor e mais solidário dentro do próprio lar? Que avaliação fazer de uma convivência "santificada" nas organizações espíritas, mantendo uma personalidade mutável e submissa aos hábitos deseducativos que nutrem os grupos de atuação social onde se movimenta?

Os Guias da Verdade apontaram excelente diretriz acerca desse insulamento quando afirmaram: "Fazer maior soma de bem do que de mal constitui a melhor expiação. Evitando um mal, aquele que por tal motivo se insula cai noutro, pois esquece a lei de amor e de caridade."[3]

O puritanismo é exterminado com coerência, adequação interior, assumindo o intransferível compromisso de enfrentar nossas mazelas.

Ser puritano é "fazer de conta", e isso é um péssimo caminho para quem deseja ser feliz.

Que os grupos doutrinários trabalhem para que haja mais lealdade ao que se aprende e diz entre as suas "quatro paredes". Cultivar sólida fraternidade, a fim de formar um ambiente que se permita "ser quem é", onde haja campo para discutir: como parar de teatralizar quem gostaria de ser? Como atingir a meta de ser quem devemos e temos condições de ser?

Essa será uma importante discussão para os destinos da causa.

Estudemos com afinco e verificaremos que o orgulho é o grande patrocinador das atitudes puritanas, levando a criatura a imaginar ser alguém que, de fato, ela ainda não é. Via de regra essa imaginação especula em cima de uma autoimagem super elevada, harmoniosa, tênue, "sagrada"...

Coloquemos os pés no chão, pois a Terra conta com a real contribuição espírita.

Ao invés de se tomar a iniciativa de querer levar essa pureza artificial adotada em muitos centros doutrinários para a sociedade, tome-se a rota inversa e busque as lutas

---

[3] *O livro dos espíritos* – questão 770a.

pessoais que se tem no mundo para tornar-se material de estudo e debate dentro dos centros, solidificando, posteriormente, uma conexão realista e eminentemente colaborativa com a abençoada sociedade acolhedora em que se renasceu.

Puritanismo, em muitos casos, é a outra face da hipocrisia. Talvez seja essa a razão da afirmativa do sábio Codificador: "Não basta se tenham as aparências da pureza; acima de tudo, é preciso ter a do coração".

"Uma das maiores fontes da infelicidade humana é não entender a linguagem dos sentimentos."

Capítulo 22

Desafio Afetivo

"Podem dois seres, que se conheceram e estimaram, encontrar-se noutra existência corporal e reconhecer-se?"
"Reconhecer-se, não. Podem, porém, sentir-se atraídos um para o outro. E, frequentemente, diversa não é a causa de íntimas ligações fundadas em sincera afeição. Um do outro dois seres se aproximam devido a circunstâncias aparentemente fortuitas, mas que na realidade resultam da atração de dois Espíritos, que se buscam reciprocamente por entre a multidão."

O livro dos espíritos – questão 386.

Ímpetos de afeto repentinos com essa ou aquela pessoa irromperão inúmeras vezes face aos complexos automatismos pertinentes ao mundo do coração, contudo, constituirá isso motivo para fuga e temor? Certamente que não, pois que, em verdade, a vida nessas ocasiões conclama-nos a mais amplos voos na busca da maturidade no difícil aprendizado de transformar paixões em valores de libertação da alma, quais sejam a fraternidade, a alegria de conviver, a felicidade de amar sem possuir e depender.

Apreciar a beleza, gostar da companhia, exaltar as qualidades ou surpreender-se com a cultura são reações naturais ante aqueles que apreciamos. O cuidado nesse assunto deve situar-se nos sentimentos que permitimos ebulir a partir desses encantamentos passageiros.

Nas experiências da afeição apodera-se, frequentemente, um fenômeno de negação dos sentimentos, adornando-se de atitudes de aparente equilíbrio, sendo que, intimamente, em muitos lances, a criatura está amargando dolorosa prova no silêncio do mundo afetivo "amando perdidamente" alguém, aplicando impiedoso freio às atrações, às fantasias e aos pensamentos. Repressão, porém, não basta para educar.

Uma das maiores fontes da infelicidade humana é não entender a linguagem dos sentimentos. As gerações do alvorecer do terceiro milênio sabem comunicar com países distantes em línguas diversas, mas não conseguem decodificar as mensagens de seu próprio mundo emocional, mantendo-se reféns de muitos processos que lhes imputam dolorosas vivências.

No terreno da vida afetiva, observa-se na atualidade um drama de proporções gigantescas que tem dilacerado almas honestas através de silenciosa expiação. Particularmente o coração feminino, graças à maior sensibilidade, tem resvalado para esse pântano de dor e desespero. Trata-se da prova afetiva. A criatura que devotou seu amor a alguém em legítima entrega e fidelidade vê-se, de hora para outra, sem qualquer explicação justificável pela lógica, com fortes apelos de atração por alguém fora da união conjugal.

Inicialmente, tomada por agradável encantamento, permite-se fruir a fantasia e a emoção para depois, em instante de reflexão e siso, tomar-se de intensa culpa. Posteriormente vem a fase do pânico e do desespero, por analisar a situação em pauta como sendo o fim de todo um investimento de esforço e devoção na vida familiar. Acredita que tenha "acabado o amor". Sofre em silêncio e sem coragem de dividir seus sentimentos com alguém. Imagina-se apaixonada por outra pessoa e sente tremenda hipocrisia. Verdadeiro desafio afetivo prenuncia uma etapa de experiências repleta de insegurança e tristeza. Novamente na presença da pessoa por quem sentiu essa repentina paixão, ficará desconcertada e completamente à mercê das ocorrências. Se o outro for alguém na mesma situação ou perceber-lhe o estado interior, a prova é ainda mais agravada.

Os dias prosseguem e a falta de habilidade em lidar com o mundo do afeto instala um quadro de solidão emocional, tombando para múltiplas manifestações que poderão chegar ao ciúme, irritação, depressão e revolta. Adversários espirituais cruéis na espreita poderão incendiar-lhe os costumes e promover a desordem do comportamento.

Essa leitura errônea da linguagem dos sentimentos tem provocado infelizes dramas passionais na humanidade. A deseducação para o trato com a vida emocional é, sem dúvida, uma tragédia social.

Depois de milênios na poligamia, o sistema afetivo sofreu agressões consideráveis que criaram lesões e feridas profundas. Traumas e conflitos, vingança e decepções, mágoas e traições, quase sempre, foram as escolhas da maioria dos homens nas experiências da vida a dois em regime de infidelidade, posse e dependência.

Portanto, é concebível que na atual vivência conjugal alguém sinta em dado instante algum tipo de atração não conveniente ou algum impulso repentino de aproximação e permuta. Isso em absoluto significa que o amor votado a alguém tenha acabado ou que se esteja em traição. O caleidoscópio dos sentimentos é algo imprevisível e regido por complexos mecanismos da mente, colocando a criatura diante de si mesma. E sempre que necessário tal mecanismo convida a retificações no mundo interior, à educação do afeto de profundidade, cujas nascentes encontram-se nas vidas pregressas. Submerge então, ao consciente, forças ignoradas da criatura apelando para a sublimação através dos corretivos da disciplina, da oração e da conduta reta.

Não é o fim de nada. Pelo contrário, é o inicio de novas lições. Decerto haverá incômodos e aflição, mas essa é a razão dos estágios depurativos na matéria, melhoria pelo autoconhecimento.

Outras causas adicionais ou coadjuvantes desse processo educativo da afetividade são os reencontros com almas com as quais já se partilhou instantes de ternura e permuta erótica, ou simplesmente a complementação magnética no terreno das expectativas que se carrega na escala dos anseios ocultos.

Pouco importando as origens, é preciso a quem passe por esse teste afetivo muita sinceridade consigo mesmo, conhecer melhor a sua vida sentimental, buscar confidenciar seu drama com quem tenha maturidade e êxito no casamento e procurar rogar a Deus maior compreensão acerca do ignorado mundo do coração.

Em alguns casos mais graves, havendo persistência e surgindo ímpetos incontroláveis, será imperativo o auxílio profissional, a tarefa de atendimento fraternal nas casas espíritas e, possivelmente, o socorro mediúnico com integração mais responsável junto às frentes de serviço ao próximo.

Devemos ainda acrescer que nem sempre essas fortes atrações representam passagens malsucedidas em vidas anteriores, podendo mesmo terem sido velhos e bons amigos que retornam aos caminhos atuais e por quem se tenha nutrido sincera e saudosa afeição, embora, mesmo objetivando o aprimoramento, ainda assim, poderá confundir suas reações emotivas filtradas conforme as viciações adquiridas no tempo, tendendo a entreter laços menos nobres com quem lhes causa tanto bem-estar nos roteiros da afinidade. Saber o que se passa conosco nessas ocasiões será um avanço em termos espirituais, nos permitindo situarmos na postura adequada de proximidade sem intimidade.

Da mesma forma, toda vez que surjam desafeições, antipatias, desagrados, desgostos, repulsa e rejeição em relação a alguém, devemos mergulhar nas águas abissais do mar subconsciente e buscar conhecer as espécies viventes nessa imensidão de valores e imperfeições, da qual todos somos portadores. Nesse universo ignorado surgirá, certamente, a pérola reluzente da felicidade que tanto desejamos em meio às ostras de nossas dores de cada dia.

Capítulo 23

Fuga do mundo

"Não julgueis, todavia, que, exortando-vos incessantemente à prece e à evocação mental, pretendamos vivais uma vida mística, que vos conserve fora das leis da sociedade onde estais condenados a viver. Não; vivei com os homens da vossa época, como devem viver os homens. Sacrificai às necessidades, mesmo às frivolidades do dia, mas sacrificai com um sentimento de pureza que as possa santificar."

O evangelho segundo espiritismo – cap. 17 – Item 10.

Fuga do mundo! Fenômeno comportamental que vem avassalando alguns companheiros beneficiados com o conhecimento espírita. Sua característica mais marcante é a de querer conviver somente entre companheiros de idealismo, com extrema limitação para entender perfis éticos e sociais que destoem da "performance doutrinária-evangélica."

Afora os conflitos naturais, sofridos em razão da necessária adaptação do homem depois que toma contato com as diretrizes espirituais, podemos classificar essa fuga do mundo, quando se torna persistente e sistemática, como verdadeira inconformação com as dificuldades corporais.

Cataloguemos tal episódio da vida mental de "síndrome de além túmulo" pelo motivo de ser a vida espiritual o "objeto de desejo" de semelhantes casos.

A "síndrome de além túmulo" pode ser classificada como um comportamento neurótico de transferir para um "mundo ideal" as esperanças e expectativas do dia a dia no "mundo real". É uma fuga, uma transferência como mecanismo de defesa de questões íntimas não resolvidas e dolorosas, resultantes principalmente de frustrações e insatisfações para o homem encarnado. Faz-se algo hoje pensando em colher na imortalidade, no futuro, sem nutrir-se dos benefícios dessa ação no hoje e no agora, vivendo um mundo imaginário "desconectado" dos sentimentos. Seu traço principal é a negação dos prazeres humanos com os quais seu portador carrega sofríveis desajustes. Apresenta-se esse conflito interior com variados assuntos como a riqueza, a beleza, a inteligência, a virtude e outros temas existenciais; por isso é comum projetar julgamentos estereotipados e repreensivos à conduta alheia, exatamente naqueles embates que a criatura carrega.

Doentio nesse lance da vida mental é a suposição que se elabora para si mesmo sobre os futuros frutos que obterá na vida dos espíritos, simplesmente pelo fato de "aguentar resignadamente" as dores pelas quais vêm passando, quando tais dores nesse tipo de vivência são desajustes de inaceitação e rebeldia, provas morais adicionais e distante das provas reais, ante os quadros de aferição terrena a que todo espírito reencarnado está submetido com mais ou menos intensidade.

O conhecimento espírita para agregar valor espiritualizante precisa ser contextualizado, ou seja, adequado à vivência prática de quem o possui, respeitando sua individualidade, seus problemas e suas qualidades. O acúmulo de informações, sem a devida renovação da experiência de viver e conviver, poderá, em algumas situações, servir ao interesse pessoal na sutil fuga dos deveres que a Terra "impõe" como planeta expiatório.

Abençoada é a literatura espírita, mas a cultura humana, que é construída a partir das informações e experiências entre os homens, transportou com certo exagero as avaliações de boa parte dos adeptos espíritas para o mundo espiritual, as existências passadas e a influência dos desencarnados. É a velha dicotomia passado, presente e futuro no campo da fragmentação da "realidade mental".

Verdadeiramente, o presente é a nossa realidade, contudo, a interpretação condicionada do reino dos céus surge do passado conjugada às esperanças futuras na vida extrafísica, determina ampla soma de desencontros com as desconfortáveis experiências que todos temos de passar para medir valores e vencer imperfeições.

Essa "síndrome", portanto, gerou uma cultura de supervalorização das questões do mundo extrafísico trazendo como consequência a negação da relação com o mundo físico.

Três são os resultados éticos e emocionais de semelhante postura mental:

- A transferência de responsabilidade sobre os insucessos pessoais, imputada a espíritos e carmas.

- Negação do passado da atual existência pela camuflagem de medos, frustrações, desejos, culpas e sentimentos; são as máscaras emocionais.

- Foco dos pensamentos centrado no tipo de relações sociais das colônias de além túmulo contidas na literatura espiritista.

Ante essa cruel vivência da vida interior, torna-se escassa a autoestima, enfraquece-se o desejo de progresso e espera-se resultados ótimos na vida além túmulo pelo simples fato de apenas pertencer às fileiras de serviço ou frequência das casas doutrinárias, como se assim todos os problemas estivessem solucionados. E quando encontra decepções e surpresas desagradáveis na própria convivência com os companheiros de tarefa, melindra-se ostensivamente, afogando-se em mágoas e deserções irrefletidas, supondo que "novos carmas" surgiram para elevá-lo ainda mais na escala de sua suposta ascensão.

São doentes graves e podem carecer de muita oração e paciência, além de tratamentos especializados dos ramos da psique, quando essas desarmonias são persistentes e progressivas.

Evite, desse modo, fugir de seu mundo. Não espere um grupo de cooperadores Celestes na esfera de suas ações espíritas, relegando o trabalho educativo de si mesmo ao preço da insipiência e descuidos alheios.

Que os dirigentes conscientes e comprometidos ensejem um ambiente doutrinário que conecte o tarefeiro com seu mundo, interagindo sempre o centro espírita com a sociedade e seus problemas, fortalecendo seus irmãos para viverem no mundo sem serem do mundo, e para serem espíritas sem desejarem ser "anjos".

Vemos assim mais uma faceta sutil das batalhas do espírita na Terra que apela com urgência para a arregimentação de grupos espíritas mais humanos e acolhedores. Grupos que saibam estender mãos e coração a essas desamornias provacionais, tonificando o necessitado de forças novas e soluções realistas e libertadoras. Grupos que tenham competência de demonstrar socorro e rota a quem lhes busca, independentemente da natureza de sua problemática, de educar para entender que cada criatura é o arquiteto de seu destino, o construtor de sua felicidade, apontando-lhe o estudo e o trabalho indispensáveis para seu reajustamento ante as dores do mundo.

Indispensável constatar que semelhantes grupos só podem ser construídos se seus condutores forem criaturas que vivam o mundo da realidade física com coerência e possuam respostas para os conflitos humanos, porque as buscaram para superar suas próprias lutas íntimas. O bom dirigente é aquele que passa experiência e expõe seus caminhos sem, contudo, acreditar que eles sejam os melhores ou que vão servir para todos.

Certamente, conquistando a harmonização afetiva consigo mesmo, o homem conseguirá sentir com mais exatidão e realismo a vida que o cerca; seu pensamento refletirá a nobreza dos seus desejos; as atitudes falarão de sua compostura moral e, então, ele assumirá suas responsabilidades com mais empenho e dedicação, aprendendo a amar a todos e a tudo como são e estão, prosseguindo seu caminho de compromissos com a consciência, praticando o bem inderrogavelmente, sem cessar, o que nos faz recordar a sábia alocução entre Allan Kardec e os Espíritos Superiores, assim descrita na questão 642 de O livro dos espíritos:

> "Para agradar a Deus e assegurar a sua posição futura, bastará que o homem não pratique o mal?
>
> Não; cumpre-lhe fazer o bem no limite de suas forças, porquanto responderá por todo mal que haja resultado de não haver praticado o bem."

*****

Companheiros da jornada carnal,

A Terra é uma universidade prodigiosa para nossas necessidades. Fugir de contribuir com o progresso e o crescimento desse planeta é ingratidão e inconsciência.

Para almas em nosso estágio, nós que já recusamos o mal,

mas ainda temos o desejo do bem embrionário, ela é farta despenseira de bênçãos.

Aprendamos a amar os campos terrenos.

Conquanto os conflitos que carregamos, mesmo com os anseios não satisfeitos, inconformados com as lutas e com tendências para a "reclusão opcional", sigamos sempre o ideal da melhora, cultivando resignação ativa sem acomodar, ampliando os sonhos sem deixar de trabalhar e esforçar. A desistência ou a fuga fazem-nos viajantes insensatos e desculpistas, covardes e indiferentes à riqueza da vida.

A insatisfação crônica não será remediada com vida mística e puritanismo, porém com nobre devoção ao dever, levando-nos, paulatinamente, a redescobrir a alegria de viver e o fulgor glorioso da paz através dos sacrifícios em equilibrar-se, enfrentando nosso infeliz passado onde se encontram as causas reais das dores que nos atormentam.

Vigiemos a conduta para não transportarmo-nos para as compensações ilusórias das viciações ou na aceitação desonrosa de "vender a alma" a novas formas de prazer, nas derrapagens morais da corrupção no ganho fácil.

E jamais esqueçamos, em tempo algum, que a solução definitiva da "síndrome de além túmulo" será aprender a amar a oportunidade do renascimento, por mais escassez e dureza nas provações, fazendo o melhor que pudermos e com muita fé na abundância da misericórdia de Deus.

*"Fazer maior soma
de bem do que de mal
constitui a melhor expiação."*

Capítulo 24

Silenciosa expiação

"Fazer maior soma de bem do que de mal constitui a melhor expiação".

O livro dos espíritos – questão 770a.

Todo esforço de transformação interior gera reações penosas no controle dos impulsos do automatismo. Renovar é uma operação mental de contrariar a rotina, o habitual, gerando incômodos e dores variadas. São as dores psíquicas, dores íntimas. Efeitos naturais da ação transformadora, constituindo verdadeira e silenciosa expiação.

O vulcão é o fenômeno natural que melhor recorda esse estado de convulsões interiores na criatura em reforma espiritual. Um estado de agitação nas "lavas mentais incandescentes" que queimam as ervas daninhas do mal no calor das altas temperaturas do conflito e da dor.

A mudança interior significa o desapego de símbolos, mitos, costumes, ações e emoções. Essa ação leva a sentimentos de perda que se assemelham a verdadeiras "amputações psíquicas e afetivas", causando, inicialmente, muita insatisfação, insegurança e revolta. Naturalmente, no caso da transformação à luz das propostas espíritas, a criatura é convidada a uma "perda do homem velho" para fazer a "aquisição do homem novo", jamais permanecendo sem ideal, sem vida. Essa mudança, aliás, tem como único propósito nossa adesão consciente e espontânea à verdadeira fonte de vida e felicidade: a harmonia com o Pai que nos criou.

Certamente alguns quadros mentais, incluindo doenças, podem conjugar-se aos efeitos do processo de reforma íntima, agravando ainda mais os episódios de sofrimento daquele que optou por tomar conta de seu patrimônio espiritual. Entre esses quadros vamos encontrar as questões traumáticas da infância, o estresse, as depressões, as influências espirituais, as recordações do passado em forma de tendências e ideias. Todavia, independentemente da natureza patológica da dor, chamemos de "pressões psíquicas" essas dores aparentemente inexplicáveis e catalogadas por muitos psiquiatras humanos como desajustamento ou fragmentação da personalidade.

Particularmente, os portadores de sensibilidade mediúnica percebem mais facilmente tais fenômenos da vida mental, sofrendo com maior intensidade esse doloroso "expurgo vibratório" sob intenso "estado de pressão", conquanto sua aptidão também permita exonerar níveis mais volumosos dessa "matéria nociva" de seu cosmo orgânico e perispiritual.

Destaquemos alguns sintomas típicos desse mecanismo sutil do mundo mental que ocasiona a dor-evolução:

- Estado íntimo de desconforto e desassossego quase permanente.

- Sensação de perda de controle sobre a existência.

- Preocupação inútil sem causas justificáveis.

- Desordem nos raciocínios.

- Conflitos afetivos sem participação da vontade.

- Tendências acentuadas para a culpa.

- Processos físicos de drenagem de energias.

- Ansiedade de origem desconhecida

- Medos incontroláveis de situações irreais.

- Irritações sem motivos claros.

- Angústia perante o porvir com aflição e sofrimento por antecipação.

- Excesso de imaginação ante fatos corriqueiros da vida.

- Barreiras emocionais na relação interpessoal.

- Perda do controle de si, causando um desespero mudo na vida interior!

Um desespero silencioso e cansativo! Nisso se resume esses sintomas.

A reforma íntima é um período de transição em que deixamos de ser "donos" daquilo que não nos convém para aprendermos a nos apropriar daquilo que sempre foi nosso, mas nunca optamos por tomar conta. Nessa transição, o ser sente-se ostensivamente inseguro e infeliz.

É um sofrimento muito sutil, que dificulta para a maioria das criaturas uma identificação plena do que ocorre consigo mesmo. Somente as incursões constantes e perseverantes na autoanálise ensejarão, pouco a pouco, o discernimento e a constatação de semelhante prova da vida íntima. É tão sutil que muitos acostumam-se com os traços expiatórios descritos, supondo serem imperfeições integrantes da sua personalidade, quando, em verdade, são reflexos e efeitos que podem perfeitamente ser educados e extirpados no tempo utilizando-se adequadamente as forças íntimas que dormem à espera da vontade ativa e consciente.

A intensidade dessa expiação tomará graus diversos, conforme os compromissos e qualidades de cada individualidade, nunca ultrapassando o limite das forças de resistência e de sua capacidade de superar. Para uns será um período curto e inesquecível. Para outros terá um prolongamento em razão de sua rebeldia em aceitar os convites de renovação a que é chamado. Outros tantos, mesmo aceitando as propostas da reforma, necessitam de um esticamento face ao volume de matéria mental mórbida, acumulada em milênios de repetição no erro, que vai escoando lentamente de seu psiquismo.

Passada a etapa de maior conflito, vem a calmaria, a condição mental de paz e tranquilidade para mais amplos voos de ascensão. Lavrada a terra mental é hora da semeadura produtiva. Passada a dor é tempo de maiores responsabilidades no trabalho. Essa exoneração é apenas o começo de uma longa caminhada, e sem ela o homem não se habilita aos requisitos para assumir com proveito as oportunidades na marcha do progresso, ante a coletividade na qual está inserido. Primeiro cuida de si, mesmo estando servindo ao próximo, posteriormente terá mais êxito e experiência para penetrar no desconhecido mundo do outro e auxiliar-lhe com o consolo e o roteiro, fazendo da caridade um ato de libertação e amor.

Ao descrevermos a silenciosa expiação, objetivamos esclarecer, a quantos estejam buscando os novos ideais espirituais de crescimento, que algumas disciplinas tornam-se insubstituíveis e urgentes, a fim de amenizar o ardor da batalha interior. Queremos recordar a menosprezada terapêutica da prece. Menosprezada, porque não é usada com a utilidade e proveito que se poderia, inclusive pelos próprios espíritas que possuem largos conhecimentos sobre seu valor.

A prece é um bombardeio de luz rompendo o campo tóxico da aura e alcançando o corpo espiritual nesse caso das expiações interiores. É uma limpeza provocada por impulsos "mento-eletro-magnéticos" na corrente dos chacras e dos nadis[1], restaurando o equilíbrio e causando uma agradável sensação de sossego na intimidade. Alívio, esse é o melhor efeito da oração. Mas a prece também descortina forças sublimes no superconsciente, energias ainda ignoradas por nós e que são capazes de tonificar o corpo e a alma. Além disso, ela recolhe no universo do fluido cósmico a matéria rarefeita que resulta do pensamento dos espíritos superiores, armazenando farto suprimento de flocos de saúde e vitalidade.

O problema que costuma ocorrer na aplicação da terapia da oração é que o doente não se lembra de tomar a medicação na hora exata em que dela mais necessita. E não podemos deixar de assinalar que, no caso das dores psíquicas, toda dose adicional será sempre um benefício a mais na preservação da qualidade de vida do paciente. É uma questão de disciplina e cumplicidade com o bem pessoal.

Excelente abordagem das Vozes da Verdade: "Fazer maior soma de bem do que de mal constitui a melhor expiação."

O simples fato de desejar o bem dói muito, porque nosso desejo é sincero. Entretanto, entre o desejo

---
[1] Canais de condução de energia no corpo vital, "nervos sutis". Também conhecidos como meridianos, são como pequenos chacras.

e nosso passado existe uma montanha de imperfeições a ser removida com muito trabalho. Essas imperfeições apresentam todas as condições insalubres para uma vida saudável e equilibrada, mas somente quem o construiu poderá transformá-lo em terra rica para o plantio sublime. Transformar o lixo em adubo fertilizante, essa é a tarefa.

Para nós que nos afastamos da Lei Divina será sempre assim: o bem tem um preço alto na conquista da felicidade!

Apesar disso, jamais desistamos de buscá-lo com muita humildade no reconhecimento de nossa verdadeira condição. Deus não faltará com o indispensável para esse projeto de ser feliz, beneficiando-nos sempre com o que merecemos ou precisamos.

*"Fujamos das capas
com as quais queremos
esconder os conflitos
e sentimentos."*

Capítulo 25

Obsessão e orgulho

"Todas as imperfeições morais são outras tantas portas abertas ao acesso dos maus Espíritos. A que, porém, eles exploram com mais habilidade é o orgulho, porque é a que a criatura menos confessa a si mesma".

O livro dos médiuns – cap. 20 – item 228.

A obsessão é um fenômeno da vida mental independente da mediunidade. Qualquer pessoa pode ser obsidiada, desde que haja um processo de domínio mente a mente. Conquanto essa seja uma verdade clara e assentada no princípio natural das leis vibratórias, costumeiramente associa-se a presença da obsessão somente naqueles que são portadores de faculdades extrassensoriais.

Nos médiuns, graças à sua facilidade de captação que foge da escala comum das percepções humanas, podem ser verificadas com maior ostensividade nos seus efeitos e associadas aos transtornos mentais e desequilíbrios de conduta.

Contudo, essa patologia espiritual expressa-se de formas subliminares em quem não possua a sensibilidade mediúnica, tornando-se um quadro de difícil diagnóstico pelas expressões sutis que alcança. Existe uma "loucura silenciosa" ou "loucura controlada" acometendo muitas criaturas - fortes indicadores da presença de um adversário que torpedeia os campos do pensamento e do sentimento.

Como sempre, a base para a existência da obsessão é a presença de um elo justificável entre quem se encontra no corpo e quem se encontra na erraticidade. Pode ser um insucesso de outras vidas, um vício do presente, uma busca comum de ideais inferiores, uma sintonia decorrente de más escolhas, um interesse partilhado por ambos e outras tantas causas que unem as almas na paixão e na vingança, no ódio e no egoísmo, gerando dependência e posse.

Considerando a realidade espiritual dos habitantes da Terra, raramente alguém estará totalmente livre de um acometimento psíquico pelas malhas da obsessão, ainda que esporadicamente. Os hábitos, as tendências e o estilo de vida do homem facilitam esse contato, atraindo para perto de si os espíritos que ainda se apegam aos costumes sociais. Assim, a alimentação, a diversão, o sono, a vida social e familiar, as profissões, a formação escolar e tudo que envolva as atividades humanas na sociedade sofrem o cáustico das frequentes explorações espirituais de natureza enfermiça.

Equívoco enorme será pensar a obsessão apenas como algo escandaloso e de proporções evidenciáveis. Existem interferências obsessivas muito particulares e únicas, conforme os temperamentos e a trajetória evolutiva das almas que dela fazem parte.

Até mesmo nas tarefas doutrinárias encontramos aspectos muito graves dessa enfermidade da vida mental.

Os centros espíritas têm se tornado um "enxame de almas" nos dois planos da vida em razão de sua maior procura para solucionar problemas e doenças, que não encontraram respostas em outros valorosos caminhos.

O amor, mesmo sendo a divina virtude da vida, compra-nos a inimizade e a revolta naqueles que se encontram fora do corpo, porque buscamos beneficiar suas vítimas em nossas tarefas de alívio e orientação. É da Lei que o sacrifício faça parte de algumas vivências daquele que ama, a fim de poupar temporariamente o sofrimento de quantos estejam abatidos sob o peso das lutas provacionais de cada dia. É quando então o trabalhador do bem é convocado a assumir parte do ônus psíquico do outro, em nome da caridade que amenizará a dor e a tormenta alheia. Naturalmente, esse processo obedece ao controle da Divina Providência, mas os amigos espíritas necessitam ter um tanto mais de atenção no monitoramento e na ampliação de sua visão acerca das responsabilidades que assumiram na lavoura doutrinária, para não acolher como sendo suas as induções de desânimo e deserção que muito frequentemente advêm de semelhantes episódios do labor fraternal.

Sentimentos variados ou quadros psíquicos incomuns e estranhos poderão surgir como reflexos das presenças espirituais que estão se beneficiando das realizações doutrinárias.

Temos um orgulho sutil, o de achar que não seremos obsidiados porque estamos no trabalho do bem e do amor. Outros, porque nunca viram ou ouviram nada de "sobrenatural", desconhecendo os sensíveis mecanismos da vida paranormal, asseveram que se encontram livres e protegidos de semelhantes sintonias espirituais infelizes. Esse é um conceito muito dogmatizado para os assuntos da vida espiritual: crer-se protegido a troco de algumas "penitências", uma reminiscência do religiosismo milenar.

A lógica espírita ensina-nos exatamente o oposto. A resistência moral e a maturidade só serão alcançadas à custa de muito esforço e na medida de nossa capacidade individual de vencer a nós mesmos, embora alguns corações embevecidos pelo ideal da transformação de si mesmos esperam, ingenuamente, a "harmonia de empréstimo" ou "transformação por osmose" através de orações, tarefas, passes e outros benefícios de fortalecimento. Decerto a misericórdia nunca escasseia e ampara a todos por esses meios, mas não pode em tempo algum mimar nossos pedidos para que não acostumemos a receber sem manifestarmos a decisiva coragem de enfrentar-nos.

Harmonia interior é o fruto sadio da valorosa semeadura de esforços autoeducativos exercidos no cumprimento fiel dos roteiros de crescimento.

Nesse prisma, a obsessão é teste de aprimoramento e reeducação.

O pensamento fixo, as decepções prolongadas que se tornam mágoas, o rancor que guardamos por alguém, as tendências que lutamos para superar, as intenções desonestas e ocultas, o interesse pessoal à custa de prejuízo de alguém, os gestos menos felizes, o excesso de velocidade no trânsito, a intransigência em não aceitar as faltas alheias, a presunção de supor-se o melhor em tudo, a irredutibilidade nas opiniões pessoais, a fofoca, o costume de enxergar pontos negativos na tarefa do próximo, a indisposição para o perdão, o vício de prestígio, os sonhos de vida fácil na abundância material, a preguiça e a ociosidade, o atraso nos compromissos, a indiferença com a diferença do outro, o excesso de alimentação, o imediatismo para alcançar metas, o apego à televisão, o relax pelo alcoolismo, o excesso de trabalho são pequenas portas abertas diariamente para a instalação de um processo obsessivo que pode ou não ter uma sequência a níveis mais acentuados de domínio e intensidade.

Será muita pretensão e inexperiência pensar que a devoção aos ideais ou tempo de experiência serão suficientes para livrar-nos da possibilidade das interferências obsessivas. Mais uma vez o orgulho comparece trazendo--nos prejuízo nessa questão.

A ingerência ardilosa dessa imperfeição na vida mental provoca um bloqueio que impede a autoanálise sincera e desprovida de defesas, no contato livre com a intimidade de nós próprios.

O personalismo, filho predileto do orgulho, arquiteta uma imagem exageradamente valorizada de nossas qualidades e conquistas, e quando somos convidados a uma incursão no mundo íntimo, através de críticas ou situações que nos obriguem a admitir a presença de determinada imperfeição, esquivamo-nos de todas as formas, não as confessando a nós mesmos e quanto mais aos outros.

Esse mecanismo sutil do orgulho cria dotes que não possuímos, mas que, obstinadamente, imaginamos possuir.

O orgulho não deixa de ser uma defesa para nossa angústia básica, a angústia que decorre da nossa insatisfação em conhecer a inferioridade da qual ainda somos portadores e que tentamos camuflar e esquecer a todo custo.

Não se admitir em erro ou isento das interferências de adversários do bem é uma atitude invigilante e perigosa que, por si só, já é uma porta aberta para o acesso dos maus espíritos.

Examinemos cuidadosamente nossas ações. Admitamos e estudemos como superar a inveja, a vaidade e a pretensão em nossas vidas, especialmente entre companheiros do ideal espírita, se desejamos verdadeiramente encontrar as pistas deixadas pela personalidade orgulhosa que está dentro de nós em contínua fuga para não ser capturada.

Fujamos das capas com as quais queremos esconder os conflitos e sentimentos.

Humildade é a coroa de segurança para quantos anseiam por êxito nos seus investimentos de aperfeiçoamento.

Nós, espíritas, estamos precisando de muita coragem; coragem para sermos humildes, confessar nossa condição, ouvir nossa consciência, conhecer nossas obsessões e trabalhar produtivamente para erradicá-las.

Prossigamos confiantes nessa busca.

"Digamos que a culpa é uma energia intrusa, porém necessária na sustentação do desejo de melhora."

Capítulo 26

Traços do arrependimento

"Que consequência produz o arrependimento no estado corporal?
Fazer que, já na vida atual, o Espírito progrida, se tiver tempo de reparar suas faltas. Quando a consciência o exprobra e lhe mostra uma imperfeição, o homem pode sempre melhorar-se."

O livro dos espíritos – questão 992.

Que adjetivo melhor definiria a nossa condição de Espíritos perante o mundo? Virtuosos, trabalhadores, esclarecidos, caridosos?

A qualidade comum que estimula os passos da maioria das criaturas que agasalham a convicção nos princípios espíritas é o arrependimento. "Almas arrependidas" é a condição espiritual que fielmente nos define perante a vida.

Para muitos, arrependimento seria apenas um estado emocional, todavia, é também um estado mental consolidado, que funciona como uma âncora de segurança e um impulso para a caminhada evolutiva das almas submissas aos grilhões da culpa, adquirida no mau uso da liberdade.

Muitas vezes, para alcançar semelhante estágio, a criatura precisa padecer longamente até saturar-se no "cansaço espiritual", passando a nutrir algum desejo de melhora e progresso em novas linhas de crescimento para Deus.

Três são os traços que caracterizam o arrependimento: desejo de melhora, sentimento de culpa e esforço de superação. Se tirarmos o esforço de superação dessa sequência teremos o cruel episódio mental do remorso, ou seja, os arrependidos que nada fazem para se melhorar. As tendências mais marcantes dessas experiências interiores podem ser percebidas em algumas manifestações de "dor psíquica corretiva", que se diferencia da "dor psíquica expiatória". O arrependimento impulsiona, o remorso estagna. Esses três traços psicológicos e emocionais que determinam o ato de arrepender-se passam por metamorfoses infinitas, conforme a personalidade que o vivencia. Destaquemos alguns caminhos mais comuns dessa sua transmutação íntima para facilitar o entendimento de suas manifestações:

O desejo de melhora no estágio em que nos encontramos está, quase sempre, sob o jugo da vaidade e pode expressar-se por mecanismos psicológicos variados. Desejar melhoria é ter de reconhecer a própria penúria moral, assumi-la livremente em razão do idealismo nobre. É doloroso o encontro com as sombras interiores, mesmo quando queremos, sinceramente, nos ver libertos delas.

Para nós o impulso para crescer espiritualmente é um desafio de proporções sacrificiais. Chamemos de "neurose de perfeição" ou perfeccionismo a necessidade obsessiva de fazer o bem com exatidão, uma profunda inaceitação de suas falhas e as dos outros, gerando melindre e intolerância, face ao nível de exigência e cobrança para consigo e com o mundo à sua volta. A angústia decorrente do contato com o ego, o homem velho que queremos transformar, leva a ativar mecanismos de defesa para "acobertar" essa inferioridade que detectamos em nós; então entra em ação o orgulho, criando uma falsa imagem, uma imagem idealizada com a qual procuramos nos forrar de ter que olhar e admitir a pequenez da qual somos portadores. Essa luta nos recessos dos sentimentos e do pensamento traz à baila o conflito, a insatisfação e todo tipo de incômodo interior, deixando a vida íntima em estado de intensas comoções e mudanças. Damos o nome de sentimento de culpa a todo esse conjunto de reações emocionais, quase sempre indefiníveis para quem os sofre.

O sentimento de culpa tem camuflagens e nuanças muito versáteis. Deixemos claro que em nosso estágio de aperfeiçoamento podemos tomá-lo como um fator de impulsão para a melhora. Se a criatura arrependida não sentisse culpa, não garantiria a continuidade de seu progresso e desistiria, optando pela loucura ou pela queda moral. Digamos que a culpa é uma energia intrusa, porém necessária na sustentação do desejo de melhora. Jamais tomemos-la, no entanto, como essencial, porque é um sentimento aprendido, um resultado de vivências anteriores e não uma virtude com a qual tenhamos sido criados. Suas manifestações podem ser percebidas na autopunição, no sentimento de desmerecimento e desvalor, nas fantasias de carma e dor, nas posturas de vítimas da vida, na inconformação, no azedume sistemático, nas crises de autopiedade ou ainda nos hábitos da lamúria e da queixa. É só estudar com atenção e perceberemos as relações entre esses processos de culpa e o orgulho que gerencia os mecanismos de defesa como, por exemplo, a "projeção", que se constitui em transferir para fora aquilo que não estamos suportando em nós mesmos, constatando nos outros o que não queremos ver em nossa intimidade.

O esforço é a ação que promove o equilíbrio no processo do arrependimento. Não existe arrependimento real sem reparação. Querer melhorar, sentir-se culpado e nada fazer é muito doloroso. Eis aqui a importância dos serviços de amor ao próximo que alivia e consola alguém, mas que também estabiliza os níveis energéticos de quem o realiza. É comum verificarmos companheiros de ideal doutrinário orando sentidamente e indagando o que falta para perceberem-se melhor e mais felizes, considerando que estão no esforço educativo e no trabalho do bem. Oram sofregamente e com certa dose de desespero, sem saber as razões de seus sentimentos de culpa, insatisfeitos com a sua realidade inferior diante de tanta luz que possuem no cérebro com os conhecimentos espíritas. Todavia, assinalemos, a quantos vivem esses instantes de angústia e solidão das experiências evolutivas, que esse é o caminho dos arrependidos. A felicidade vem logo a seguir quando se consegue superar as lutas, sem desistir dos ideais. Sem exageros, digamos que esses estados doridos assemelham-se a uma "loucura controlada". Especialmente os irmãos dotados de sensibilidade mediúnica os padecem com larga intensidade de dor. Só existe uma solução: a oração do alívio seguida da perseverança libertadora.

Sofrem muito as almas arrependidas. Eis as razões dos sofrimentos dos verdadeiros espíritas!

Temos o desejo da melhora, mas o orgulho afeta a imaginação levando-nos a crer que já estamos redimidos com poucos esforços. Cria uma sensação de que já somos o que devemos ser, gerando a autossuficiência espiritual, ou seja, hábitos milenares de presunção do conhecimento aliado à crença estéril, causando-nos uma agradável porém falsa sensação de superioridade.

Se observarmo-nos, com cuidado, veremos que desejamos o bem, mas ainda não o sentimos. Desejamos esclarecer, mas não sentimos alegria em estudar. Desejamos união, mas não sentimos bem na presença de qualquer pessoa.

Um ufanismo ronda nossos passos, e nada de especial temos para apresentar ao Pai na nossa condição de Filhos Pródigos senão o arrependimento. Não nos equivoquemos com virtudes e credenciais. O arrependimento, embora se possa contestar filosoficamente, é uma virtude por se tratar de um estado essencial para o progresso de almas que peregrinaram intensamente pelo mal.

Somos apenas espíritos arrependidos, ativos no bem, face ao remorso que nos sensibilizou. Cansamos do mal e lamentamos os erros cometidos.

Nada mais somos, os espíritas verdadeiros, que almas profundamente desejosas de recomeçar. Porém, entre os ideais novos e nosso destino de paz interior, está a milenar bagagem que organizamos na "maleta das experiências" inferiores: o orgulho. Por isso, em muitas ocasiões, a despeito de cansados e arrependidos, ainda ensaiamos algumas "peças" no teatro da vida querendo passar por quem ainda não somos, adornando-nos de virtudes que ainda não possuímos e ansiosos de que os outros acreditem nessas ilusórias conquistas.

Em razão do personalismo, confundimos a luz que existe no Espiritismo com a luz que imaginamos deter, ostentando qualidades que começamos a desenvolver primariamente. Cegos para nossa real condição, mesmo cansados de sofrer, ainda queremos ser quem não somos, razão pela qual somente no espírito da legítima humildade as almas que se arrependeram encontrarão descanso e um pouco de paz interior. Por isso, não permitamos nos enganar com virtudes que ainda não conquistamos, guardando a certeza de que evitar o mal é uma parte do retorno para Deus, porque o que realmente nos conferirá autoridade e paz perante a consciência será o volume e a qualidade do bem que fizermos o quanto antes.

Em Lucas, capítulo quinze, versículo sete, O Sábio Nazareno enalteceu a conquista do arrependimento dessa forma: "Digo-vos que assim haverá alegria no céu por um pecador que se arrepende, mais do que por noventa e nove justos que não necessitam de arrependimento".

Ave à humildade! Lembrai-vos disso, todos os que se encontram em luta sob as implacáveis dores psíquicas.

"Se queremos realmente vencer os estágios enfermiços da culpa estéril que em nada colabora para nossa harmonia, pensemos em como criar o bem."

Capítulo 27

Os responsáveis são felizes

"Deus não dá valor a um arrependimento estéril, sempre fácil e que apenas custa o esforço de bater no peito. A perda de um dedo mínimo, quando se esteja prestando um serviço, apaga mais faltas do que o suplício da carne suportado durante anos, com objetivo exclusivamente pessoal."

O livro dos espíritos – questão 1000.

O sentimento de culpa é um aprendizado profundamente enraizado nos recessos da vida mental. As experiências religiosas nas vidas sucessivas dos últimos quinze séculos insculpiram fortemente a conduta autopunitiva como forma de solucionar nossas questões com Deus e a consciência.

Passando de geração em geração, constata-se na atualidade uma trágica manifestação coletiva da culpa nas sociedades sustentando o sofrimento humano.

Não fomos educados para sermos responsáveis e sim para sermos culpados: perante as falhas, castigos; perante os êxitos, recompensas. Prêmios e punições representam o coroamento das ações, como se nada mais existisse ou fosse possível existir entre os extremos que denominamos "certo e errado".

Pedagogicamente os instrumentos do castigo e da repreensão vão ganhando novas e mais ajustadas conceituações. Melhor que punir é ensinar, melhor que gratificar é promover. O ato de ensinar implica na arte de fazer uma viagem pelas ignoradas paisagens da vida interior descobrindo valores, pesquisando sentimentos, criando ideias novas, ajudando a pensar. A ação de promover, por sua vez, será o desafio de delegar, demonstrar confiança irrestrita, oportunizar a chance de assumir novas responsabilidades, quando o educando – seja um filho ou um funcionário, seja um vizinho ou um parente, seja um amigo ou um transeunte – mostra-se apto a assumir novos caminhos.

Assim, à luz da pedagogia da esperança e do bem, ensinar é abrir caminhos para a liberdade e promover é convocar a maior maturidade através de obrigações mais amplas. A criança educada nesses moldes aprenderá a lidar melhor com suas emoções perante as falhas, buscando responder por seus atos, reparando caminhos ao invés de manter-se na postura de queixume e desvalor pessoal. Será alguém ativo perante si mesmo. Se arrependerá, mas não se consumirá em maus sentimentos, ao contrário, procurará trabalhar consigo as legítimas emoções que caracterizam uma ação de caridade a si próprio. Eis a palavra que define com exatidão nosso remédio nos problemas da culpa: caridade.

Quando o senhor Allan Kardec perguntou aos Bons Espíritos, na questão 886 de O livro dos espíritos, qual seria a visão de Jesus sobre a caridade, tivemos uma das mais vivas e completas indicações para a felicidade humana, nos seguintes termos: "Benevolência para com todos, indulgência para as imperfeições dos outros, perdão das ofensas".

Essa resposta representa um completo guia para a paz.

Ante esse vício afetivo da culpa, encontramos nessa sábia colocação uma reflexão a ser feita. Percebamos que o perdão e a indulgência referendados nessa resposta são manifestações internas de sentimentos que haveremos de aprender. Trata-se de duas medidas essenciais na arte de administrar os sentimentos, sobre como vencer as mágoas e lidar harmoniosamente com os defeitos alheios. Mas vejamos que há um terceiro item na fala do Espírito Verdade: Benevolência. Um aspecto muito importante para pensarmos...Ou seja, aqueles sentimentos relativos à indulgência e ao perdão só serão concretizados nas relações pródigas de ação no bem, isso é a benevolência aplicada. Portanto, a benevolência é a consolidação das etapas que, inicialmente, operam-se no coração.

Em nosso caso, os que buscamos a renovação espiritual, a culpa surge com frequência. Não conseguindo ser o que sabemos que deveríamos ser, somos "obrigados", naturalmente, a ter de aceitar nossa "realidade temporária". Aprendemos com os ensinos novos da doutrina a verdade sobre nós mesmos e queremos mudar. Todavia, entre as propostas alentadoras do Espiritismo e os desejos de melhoria por ela estimulados temos uma fortaleza de imperfeições a superar, um homem velho a transformar, por isso nem sempre correspondemos aos ideais iluminados que começamos a desenvolver tão recentemente. Desponta então a autocobrança, uma batalha impiedosa na vida íntima contra nós mesmos.

Em psicologia, esse desajuste entre as "realidades" chama-se neurose. É quando a criatura tem um relativo controle sobre suas potencialidades mentais e afetivas, mas sofre uma pressão interior que o constrange a algum sofrimento em razão desse desajuste. Essa inaceitação da realidade individual traz uma penosa angústia existencial, levando à criação de mecanismos de defesa para amenizar o sofrimento decorrente do encontro com essa "parte" que não gostaríamos de encontrar. A disparidade entre o modelo proposto pelas diretrizes doutrinárias e aquilo que somos na atualidade gera uma aflição, um desespero mudo, uma insatisfação. É por esse motivo que muitos abandonam os ideais logo de início; não querem levar as coisas tão a sério; asseveram que é muito doloroso ter que se olhar e preocupar com essas responsabilidades de conduta.

Portanto, para "encobrir" nossa inferioridade criamos o orgulho, que nos leva a pensar que somos aquilo que ainda não somos, reduzindo nossa angústia.

Isso, porém, não basta. Precisamos compreender que toda essa etapa descrita acima tem sido a causa de muita dor. Culpa é dor. Amigos sinceros e dispostos ao crescimento mantêm-se apenas nas faixas de evitar o mal, participam das realizações de esclarecimento e amparo, e, contudo, sentem-se vazios, deprimidos, infelizes...

O que está acontecendo? – perguntam muitos companheiros entristecidos depois de intenso labor. Asseveram que estão firmes nos compromissos espirituais, mas guardam a sensação de estarem pior que antes de os assumirem. A resposta para esse drama existencial está no trecho da questão 1000, de O livro dos espíritos: "só por meio do bem se repara o mal(...)". Fácil concluir que a dor impulsiona a saída da comodidade e da omissão, todavia, somente a realização nobre é capaz de sedimentar valores novos que contribuam para o equilíbrio e o júbilo da alma. É a benevolência!

Convenhamos que muitos de nós apenas nos empenhamos em evitar o mal, tentamos fazer um trabalho interior a custa da informação amealhada pelo estudo ou em movimentações de imitação nos serviços fraternais. Digamos de passagem que tais iniciativas são escolas de despertamento e que jamais deveremos dispensá-las, entretanto, se não descobrirmos nessas iniciativas a postura íntima da "missão individual" que nos insere no contexto das mesmas, ou seja, o motivo profundo pelo qual ali nos encontramos, ficaremos na condição da rotina, sem ação consciente, distanciando-nos da criatividade, da empatia e do autoconhecimento, únicos caminhos para transpormos a condição de apenas evitar o mal e penetrarmos nas vivências educativas da criação do bem que nos libertará definitivamente.

Evitar o mal é a etapa da contenção, da volta para dentro de si, uma volta sob brumas de incompreensão e sem nitidez de autopercepção. Somente quando partimos para a etapa da "benevolência para com todos", a que se referem os Sábios Guias, é que excursionamos nas paragens da reparação, da atração para a felicidade e da responsabilidade real, assumindo os caminhos do crescimento real e renovador.

Evitando o mal ficamos na culpa. Reparar inclui esforço, sacrifício, comprometimento e amor.

Portanto, queremos tratar de uma nova ótica sobre responsabilidade com a tarefa espírita. Responsável não é somente aquele que tem boa assiduidade e disciplina. Acima disso, é aquele que vive a tarefa de amor para os outros enquanto ela se realiza, e a internaliza para si quando encerra para os demais.

Somente quando levamos a tarefa espírita no coração para fora dos seus horários de realização é que abrimos nossas experiências para a criação do bem, candidatando-nos a novas e maiores responsabilidades, que possibilitarão clima e ocasião para a conquista definitiva da tão sonhada felicidade. É mister criar o hábito da meditação sobre os efeitos das ações espirituais no bem de nós mesmos, a fim de não sucumbirmos na hipnose fantasista do personalismo que nos inclina a ver o bem tangível no lado de fora, impedindo-nos de semeá-lo por dentro, na essência mais profunda dos sentimentos. Essa é uma perigosa armadilha do egoísmo que leva a criatura a fazer muitos "cálculos matemáticos" com seu amor, sendo que o amor é algo muito subjetivo para compor a "folha de serviços" de alguém.

Se queremos realmente vencer os estágios enfermiços da culpa estéril que em nada colabora para nossa harmonia, pensemos em como criar o bem.

Comecemos por indagar: o que é o bem? Onde ele está para cada um de nós?

Verificaremos que o bem não está nessa ou naquela tarefa, porque ele é uma questão interior, consciencial, e essa deve ser a meta de todo aquele que foi acariciado pelas brisas consoladoras da Nova Revelação.

Não podemos iludir ninguém. Criar o bem, enquanto "missão individual", não é das tarefas mais fáceis na escola da espiritualização humana. Exige o gesto incomum, o risco, a quebra com o padrão, o servir incondicional, a disposição para experimentar o novo sem medo de normas, aprender a respeitar todas as experiências alheias por mais imaturas que sejam. E muita vontade de ser útil à vida na pessoa do próximo e da sociedade.

O ato de ser responsável significa assumir nossa vida e parar com o hábito de colocar no mundo de fora as razões de nossos fracassos; é assumir o "chamado específico" de Deus para conosco; é desvendar quais os sábios Desígnios do Criador para com nosso destino.

Ante tudo isso, somos convidados a reformar o modo de pensar sobre tudo que fazemos. Como destaca a codificação, muitas vezes a perda de um dedo mínimo será mais valorosa para nós que toda uma série de sofrimentos, isso ocorre porque nossas perdas foram um ato responsável.

Sem dúvida, os responsáveis são mais felizes, porque descobriram seu papel divino no Universo simplesmente pelo fato de que resolveram experimentar não seguir o rumo da maioria, procurando ouvir a voz da consciência, onde se encontram as Excelsas Mensagens de Deus para cada um de nós.

Capítulo 28

Reféns do preconceito

"Incorre em culpa o homem, por estudar os defeitos alheios?
Incorrerá em grande culpa, se o fizer para os criticar e divulgar, porque será faltar com a caridade. Se o fizer, para tirar daí proveito, para evitá-los, tal estudo poderá ser-lhe de alguma utilidade. (...)"

O livro dos espíritos - questão 903.

Alguns companheiros sensatos e bem intencionados angustiam-se com o célebre ensinamento de Jesus sobre o ato de não julgar para não ser julgado.[1]

Como não julgar, se a todo instante a mente está expedindo, mesmo sem querer, os mais diversos tipos de juízo sobre o próximo? Porventura estaria propondo o Mestre a irrestrita indulgência quando dissertou sobre o julgamento? Mas, indagam os mais exigentes, não será omissão deixar de ver o mal ou constatá-lo a benefício de outrem?

Ainda que desejemos não estabelecer julgamentos, nosso estágio evolutivo caracteriza-se por um "sequestro emocional", no qual somos "reféns" de processos mentais que ainda não conseguimos controlar completamente. Quando ativamos o mecanismo mental de julgar, gravamos no psiquismo um modo de agir que aplicamos, igualmente, a nós próprios. E quando Jesus estabeleceu o "não julgamento", Ele, naturalmente, queria poupar-nos desse cárcere que detonamos contra a nossa própria felicidade. Aliás, muitos sentimentos de culpa e repressão que patrocinam a autodescaridade tem origem nesse intrincado "engenho" da autossugestão mental.

Como equacionar, portanto, essa dúvida ética?

---

[1] Mateus 7:1.

A angústia nasce exatamente quando não se sabe como fazer, ante o que já sabe que deve fazer.

Estudemos algo sobre essa questão que oportuniza um campo de debates de rara riqueza de elementos para nosso crescimento na experiência da convivência.

Julgar seria o hábito de interpretar as atitudes alheias conferindo-lhes juízos éticos de apreciação pessoal. Esses juízos são formulados através de sentenças, de vereditos que estipulam o que entendemos sobre a ação do outro. É impossível fazermos esses julgamentos sem influência dos valores e imperfeições que definem nossa personalidade, acrescidos dos interesses pessoais e das expectativas que criam a conveniência no ato de julgar. Assim, compreende-se claramente porque não devemos fazê-lo, pois falharemos inevitavelmente na forma, na proporção e na conclusão. Além do que, a pior consequência desse ato, em nosso desfavor, será a instalação do mecanismo mental de aplicar a nós próprios as censuras e recriminações destinadas ao outro, com as mesmas molduras éticas e sentimentos.

Dois aspectos relevantes auxiliam-nos no melhor entendimento da frase que os Bons Espíritos disseram a Kardec no início desse texto. Primeiramente, consideremos a diferença entre julgar e analisar, que foi a palavra utilizada pelo Codificador. Posteriormente observemos a sábia resposta que diz: "Se o fizer, para tirar daí proveito, para evitá-los, tal estudo poderá ser-lhe de alguma utilidade".

Esses ângulos de análise nos proporcionam valorosas reflexões sobre os motivos que nos tornam reféns dos julgamentos.

Julgar é situar a mente na inflexibilidade, analisar é buscar a compreensão do subjetivismo do próximo.

Julgar é concluir. Analisar é investigar.

Nos julgamentos, temos certezas. Na análise, encontramos a relativização.

Nos julgamentos, temos sentenças. Na análise, temos alteridade.

O desejo inferior de reduzir o valor alheio é das causas mais comuns na atitude de julgar, enquanto a ação de analisar conduz-nos à lealdade em relação aos sentimentos que experimentamos com quem tenhamos conflitos.

O compromisso impostergável para a saúde dos relacionamentos reside na capacidade de resistir aos apelos do pessimismo e do descrédito, no que tange a quem é alvo dos nossos julgamentos.

Essa polarização mental no arbítrio de juízos sobre o outro ativa o remanescente de vivências similares arquivadas na subconsciência. Mediante semelhante quadro, o "juiz intransigente" que acusa e decide extermina lavouras férteis na vida de relações. A vigília permanente sobre a dinâmica dos sentimentos torna-se imperiosa e emergente para não deflagrar a "pane emocional" que encharcará a tela dos pensamentos de planos infelizes, na direção do separatismo e da desconfiança, da dissidência e do "esfriamento" do amor, além das mentalizações que passam a gravitar na órbita da animosidade contida e da desafeição.

Transformemos os julgamentos em reflexões acicatando o comodismo no qual, muitas vezes, preferimos estagiar na obtenção de folgas para o raciocínio, quando deveríamos erigir momentos seletos, sob a tutela do estado de oração, na busca incansável das respostas que surgirão dos exames e meditações de profundez desejável ao crescimento pessoal.

Os elementos que compõem os alicerces desse estudo criterioso são assertividade, alteridade, abnegação, lealdade, complacência e amor. Essas bases consolidam valores e habilidades que capacitam para interações desprovidas de projeções pessoais no outro, gerando entendimento e cooperação, benevolência e elevação.

O exercício de priorizar, em cada aferição do próximo, alguma virtude ou atitude feliz será uma medida de segurança nessas incursões pelo mundo desconhecido de nós mesmos.

Buda, o Iluminado poeta Universal, falava da Meditação da Plena Atenção (satipatthana) pela qual conquista-se o estado interior de observação sem julgamento, avaliando a impermanência da vida e das pessoas pelas vias da meditação analítica para tomada de consciência, o Nirvana que liberta a mente em direção à Verdade. Esse caráter impermanente precisa ser apreendido em nossas análises. Tal prática será uma escalada de larga amplitude para a compreensão, porque conheceremos no íntimo a alegria de estarmos livres de um dos mais terríveis opressores e carcereiros dos caminhos humanos, que nos coloca como reféns infelizes do mal: o preconceito.

*"Amizade sincera,
respeito incondicional,
afeto e paz na convivência
são os caminhos prováveis
para a vitória."*

Capítulo 29

Perfis psíquicos

"Os que no Espiritismo veem mais do que fatos; compreendem-lhe a parte filosófica; admiram a moral daí decorrente, mas não a praticam. Insignificante ou nula é a influência que lhes exerce nos caracteres. Em nada alteram seus hábitos e não se privariam de um só gozo que fosse. O avarento continua a sê-lo, o orgulhoso se conserva cheio de si, o invejoso e o cioso sempre hostis. Consideram a caridade cristã apenas uma bela máxima. São os espíritas imperfeitos."

O livro dos médiuns – cap. 3 – item 28.

Uma alma querida confidenciou-nos, nos círculos de aprendizado da erraticidade, que se encontrava muito surpresa com as revelações descerradas pela morte física, acerca dos estudos sobre os perfis psíquicos adquiridos por cada espírito no somatório de suas existências carnais. Analisando com mais atenção as características relativas aos espíritas, deparou-se com informes que muito lhe levaram a meditar. Agora compreendendo melhor quais as forças morais e espirituais que medeiam as personalidades vinculadas às orientações do Consolador, solicitou-nos que, quando possível, enviássemos aos amigos domiciliados na Terra alguma nota acerca de suas conclusões.

Atendendo-lhe o pedido gentil e caridoso, passamos fielmente, na condição de mensageira, os apontamentos de nosso interlocutor, como segue:

"Nas vésperas de meu desencarne, os temperamentos dos espíritas foram alvos de profundas preocupações de minha parte. Suas atitudes faziam-me recordar a trajetória religiosa do homem comum, e isso a mim intrigava. Somente na vida espiritual pude compreender com mais lucidez a questão dos perfis espirituais que definem os temperamentos e o caráter, encontrando então respostas convincentes a muitas de minhas dúvidas.

Em registros similares ao da ciência humana, vim a deparar-me com volumosa literatura destinada a estudos antropológicos e sócio-espirituais. Em capítulo específico, tomei conhecimento de belíssimo e incomparável estudo sobre os perfis evolutivos, detalhando características psíquicas e traços emocionais sobre os mais variados protótipos da sociedade humana.

Com interesse, aprofundei nas reflexões sobre os religiosos de todos os tempos, e pude assim melhor entender o perfil espiritual dos espíritas, que merece uma abordagem detalhada em tais compêndios antropológico-espirituais.

Considerei então o significado de algum dia poder transmitir aos amigos na Terra algo de minhas conclusões, objetivando cooperar no esclarecimento e alerta. Deixo assim minhas anotações na seguinte linha de ideias:

Compulsando literatura especializada do plano extrafísico, pude perceber a antropogênese sócio-espiritual das almas que hoje são atraídas para as fileiras do Consolador.

Apenas para compor anotações com finalidades de despertamento, em breves linhas, descreverei algo sobre a "personalidade espiritual" dos mesmos nos últimos dois mil anos.

Amantes incondicionais dos ensinos da figura excelsa de Jesus, habituaram-se ao discurso do bem seguindo-lhe as palavras, mas sem a prática.

Exímios intérpretes dos textos evangélicos, entregaram-se ao costume de interpretá-los para obter vantagens pessoais, em franco desrespeito à opinião alheia.

Dedicados estudiosos da letra evangélica, passaram a julgar representantes Divinos e exclusivos portadores da Verdade, estabelecendo tribunais aos que não lhes atendiam os interesses.

Dotados de grande influência, arregimentaram adeptos e ramos religiosos, elegendo a exclusão e a heresia para os desleais.

Fascinados com a hierarquia eclesiástica, disputavam a qualquer preço a ordenação e o destaque, a fim de lograrem o aval dos cargos para perpetrar os abusos do poder.

Detendo o monopólio do saber, reverenciaram dogmas e sacramentos como instrumentos da fé fácil e negociável.

Agravando a condição espiritual de tais perfis, as anotações davam conta que nos últimos seiscentos anos acostumaram-se à adoção popular de lavrar sentenças infalíveis e condenatórias, em julgamentos acerca das atitudes alheias em deplorável atitude de intolerância, resquício moral da ação de Gregório IX que em 1231 oficializou os "tribunais da vergonha" elegendo os padres domini canes, ou "cães do senhor", como herdeiros da "gloriosa missão" de torturar fisicamente os heréticos.

Em linhas gerais, semelhantes condutas talharam um "caráter espiritual" típico e peculiar que define a maioria dos "espíritos-espíritas", resumidos assim:

- Não habituaram a ter suas interpretações pessoais contestadas.

- Acostumaram a fazer do seu conhecimento intelectual a verdade que ainda não aprenderam a sentir.

- Encantam-se com a ritualização exterior como forma de desonerarem-se das obrigações íntimas, adulando guias, responsabilizando obsessores, amando cargos, práticas e idolatria.

- Guardam imensa dificuldade de amar a quantos não lhes partilham os pontos de vista, contagiando-se facilmente com a animosidade crônica.

- Nutrem acentuada desconfiança uns nos outros em razão de suas infidelidades e desonras de outrora.

Assim, conquanto amantes do bem, percebi pelos informes, que seus descuidos eram mais fruto da imaturidade que da perversidade, embora isso não tenha sido suficiente para desonerar-lhes de muita dor e do confinamento a regiões infelizes da erraticidade, retomando reencarnações atrozes em busca da melhoria.

Cansados de sucessivos e desastrosos recomeços, passaram a alimentar traumas e receios de retornar à escola da Terra e cometerem os mesmos desatinos. Foi então que o próprio Jesus, conjuntamente com a Divina Providência, intercedeu em favor daqueles que lhe amavam o testemunho e a palavra, mas que não a honravam com a vivência, e recambiou suas almas atormentadas aos círculos benfazejos da Nova Revelação do Espiritismo. A princípio, ainda desencarnados, frequentaram as atividades socorristas da mediunidade na condição de sofredores e oponentes religiosos. Posteriormente, de ânimo novo, acordando para novas perspectivas dos ensinos do Evangelho, adequados aos novos tempos, então se decidiram por reingressar na carne junto aos ambientes do Consolador como única medida aceitável para a maioria, face à rebeldia e ao montante das culpas que expurgavam em sua intimidade.

Renascem padres, bispos, pastores, calvinistas, inquisidores, pítons e todos aqueles que algum dia na história experienciaram o contato com as Verdades evangélicas sem, contudo, fazerem-se "cartas vivas" da mensagem do Cristo. Renascem com esperanças novas e com visões ampliadas sobre suas responsabilidades.

Naturalmente que encurtei os dados com intuito de alerta e reflexão. Verificando minúcias do assunto, porém, é surpreendente e mesmo curioso a trajetória da maioria daqueles que hoje militam nas frentes espíritas. A partir disso, passei à aquisição de respostas para antigas dúvidas sobre o modo de comportar dos espíritas, dilatando em muito meus sentimentos de compaixão para com todos e minha sensibilidade fraternal para com suas lutas pessoais.

Entendi que, mesmo sendo portadores do conhecimento e da fé, precisarão de mais tempo para permitirem uma renovação nesse perfil milenar. Os espíritas de "segunda vez" começam a renascer desde o último quartel do século 20, quando então, mais conscientes e tendo culpas milenares aliviadas pelos benemerentes serviços de caridade da seara espiritista, começarão a arregimentar condições propícias para uma viagem interior em busca de si mesmo e de sua própria elevação.

Constatei ainda nos registros, que o Brasil, celeiro eclético de crenças, tendo como fio condutor histórico o Catolicismo, representa uma estrada com extrema riqueza de alternativas para esses companheiros temerosos e dispostos ao reinício.

Chamou-me ainda mais a atenção o trecho referente ao programa que fora delineado para atender essa demanda sócio-espiritual da humanidade. Consta nas notas que Bezerra de Menezes e um grande grupamento de servidores entalharam, com seu trabalho coletivo, as bases para o erguimento desse edifício de solidariedade e reencaminhamento. Segundo as conclusões de sábios psicólogos Celestes, o maior obstáculo íntimo, para almas com esse perfil, seria a indisposição ao contato comunitário, o que, então, os levou, sob o testemunho do "médico dos pobres", a incitar o serviço da unificação como medida apropriada para que a lição da convivência em comunidade pudesse ser aprendida e desenvolvida, considerando outros compromissos maiores no futuro.

Analisando sob o prisma da imortalidade, a conclusão que cheguei é a de que está tudo certo, tudo ótimo, tudo sob controle, e somente a visão inibida, comum à maioria de nós quando na Terra, é que pode levar-nos a enfocar a comunidade espírita como local de loucuras e atraso. Não poderia ser diferente, e embora necessite de muita melhora, particularmente, não guardo mais dúvidas sobre o valor do movimento espírita, do progresso efetuado por esses corações "semicatólicos" e, sobretudo, quanto à grandeza da Doutrina Espírita, que funciona como medicação atualizada para esse mister.

Passei a entender, sob enfoque mais ampliado, que a identidade de uma religião atende também a fatores de "sociologia espiritual", acima mesmo de meros fatos históricos da evolução das culturas humanas, levando-me a meditar em novos enfoques para a questão religiosa do Espiritismo. Enquanto os homens discutem, sem concluir, sobre a inconveniência ou mesmo o prejuízo do caráter religioso da Doutrina, o problema, em verdade, encontra-se no religiosismo abundante das almas que para ela foram e são atraídas.

Sem quaisquer generalizações sobre o tema, porque outros perfis completamente distintos de minha análise adentram aos ambientes fecundos das agremiações Kardecianas, não será demais afirmar que os espíritas, em maioria esmagadora, são os mesmos espíritos que ao longo desses vinte últimos séculos estiveram, mais ou menos, comprometidos ou identificados com a mensagem do Evangelho, deixando concluir facilmente que católicos, protestantes e alguns crentes ecléticos do Cristianismo compõem, quase sem exceções, o passado espiritual e o perfil moral daqueles que hoje assumem a designação de trabalhadores e dirigentes espíritas."

*****

Almas queridas,

As anotações de nosso irmão não deixam dúvidas.

Agora, quando indagares como pode um espírita agir em desacordo com seu conhecimento, guarde a lição de nosso missivista como pérola inesquecível.

Agindo com tolerância e compreensão acolherás pela sintonia o pensamento das almas nobres, que agem imparcialmente no bem de todos.

De posse de semelhante estado superior, terás contigo melhores possibilidades de cultivar o amor e o afeto por aqueles que ainda te causam desagrado ou mesmo a ofensa, na esfera de sua convivência doutrinária.

Qual de nós estará fora das bem elaboradas reflexões aqui descritas?

Exclusões, hipocrisias, institucionalismo, interpretações uníssonas, personalismo, vaidade, controle hegemônico, são perfis ainda vivos e influentes nos traços da conduta do espírita, e somente uma relação vigorosa de afabilidade e doçura será capaz de estabelecer um processo relacional útil, que permita algum benefício na superação de tais empecilhos morais.

Amizade sincera, respeito incondicional, afeto e paz na convivência são os caminhos prováveis para a vitória.

Afronta e cólera, radicalismos e intolerância, ativismo recriminante são velhas e malfadadas medidas que tendem a estimular as sombras e a inferioridade moral.

Dizes que não podes ser omisso, e concordamos. Entretanto, o ativismo do Cristão recomenda brandura, paciência e equilíbrio de ações. Mais que "tocar trombetas" ou exercer movimentos infrutíferos, a situação carece do serviço honroso e útil, fraterno e transformador pela força do exemplo.

Pensemos na estratégia de Jesus a seu tempo e conceberemos o modelo ideal da ação, ante os perfis evolutivos de cada ser, aprendendo, paulatinamente, o que seja viver comunitariamente.

O tempo ensinará que as alocuções desse irmão de ideal, referentemente às conclusões em seus estudos, reúnem farto conteúdo que suscita muita indulgência e compaixão dos seareiros do Consolador, uns com os outros.

Não bastasse as assertivas lógicas e sensatas dessa alma querida, é bom que estejamos informados que esse coração generoso e bom não é somente um informante de passagem, pedindo um favor quando solicita remeter essas ideias ao plano físico. Ele foi sim um baluarte da autenticidade e um severo defensor da Verdade que ficou oculta em séculos de "falso cristianismo". Seu nome: Cairbar Schutel.

Capítulo 30

Missão dos inteligentes

"Não vos ensoberbais do que sabeis, porquanto esse saber tem limites muito estreitos no mundo em que habitais. Suponhamos sejais sumidades em inteligência neste planeta: nenhum direito tendes de envaidecer-vos. Se Deus, em seus desígnios, vos fez nascer num meio onde pudestes desenvolver a vossa inteligência, é que quer a utilizeis para o bem de todos; é uma missão que vos dá, pondo-vos nas mãos o instrumento com que podeis desenvolver, por vossa vez, as inteligências retardatárias e conduzi-las a ele." Ferdinando, Espírito protetor. (Bordéus, 1862).

O evangelho segundo espiritismo – cap. 7 – Item 13.

Não somos a inteligência que amealhamos. Apesar disso, muitos a tratam como se fosse o traço mais valoroso da personalidade em razão dos sentimentos que o saber humano dinamiza no coração.

Ainda hoje, expressiva maioria das criaturas guarda agradável sensação de superioridade quando detentora de largas fatias de cultura e desenvoltura cognitiva. Possuí-la não é o problema, mas sim como nos enxergamos a partir do saber que acumulamos, porque o orgulho costuma encharcá-la de personalismo e vaidade criando uma paixão pela autoimagem de erudição no campo mental.

Os homens de saber de todas as épocas, com poucas exceções, foram criaturas que sucumbiram sob o peso da vaidade. A capacidade para manejar a inteligência nem sempre era acompanhada pela habilidade em lidar com os sentimentos que decorriam do destaque e da lisonja com que eram tratados.

As pessoas inteligentes e cultas, não raro, tornam-se muito exigentes e excedem na avaliação acerca de sua importância perante o mundo; isso colabora para diminuir a proximidade espontânea em função de criarem conceitos que desnivelam seus relacionamentos, com propósito de manterem as imagens que cultuam de si próprias. Tais exigências são sustentadas pelo sentimento de onipotência originado dos estímulos sociais, que conceituam cultura como o quesito de realização pessoal dos mais importantes na Terra.

O que ocorre em nosso mundo interior, a partir da relação que travamos com a instrução que conquistamos, é fator fundamental para nossa felicidade. Num mundo que privilegia a inteligência como sinônimo de acúmulo de informações e abre os braços para os eruditos marginalizando os incultos, é obvio que essa faceta social promove na intimidade do homem um conjunto de fenômenos emocionais que influenciam, decisivamente, seu processo de crescimento espiritual. Quantos pais, por exemplo, educam seus filhos com a noção de sucesso e felicidade, realização existencial e vitória, conciliando-os com dinheiro e intelectualidade?

Portanto, que contingência cerca a alma no mundo do afeto a partir desse quadro?

Precisamos de melhores avaliações nesse tema, porque se para o homem comum isso não passa de uma questão de oportunidade e competição social, para nós, que fomos agraciados com o saber espírita, torna-se uma questão de desafio e aproveitamento reencarnatório.

Conscientes de que a tarefa do homem inteligente no mundo é conduzir a humanidade para Deus, conforme assinala Ferdinando no trecho acima destacado, fica para nós a indagação: o que temos feito com a inteligência e a cultura em favor da comunidade onde estamos inseridos?

Façamos alguns levantamentos:

Como tem procedido nesse sentido o médico espírita? Tem conseguido passar a seus pacientes a noção afetiva do Pai durante as suas oportunas consultas? Tem conseguido equacionar seus problemas de relacionamento com seus enfermos, buscando maior calor humano? Tem havido um desejo de pesquisar as razões subjetivas do sofrimento de seus beneficiados ou permanece na confortável poltrona da diplomacia universitária? Há o interesse em desbravar novos horizontes em torno das próprias pesquisas humanas na reciclagem da fragmentária informação acadêmica?

E os missionários das ciências psíquicas? Têm se permitido ser fraternos com seus pacientes ou preferem a frieza do divã e dos psicotrópicos? Têm conseguido entendê-los como familiares queridos que a vida colocou em seu caminho ou como almas atordoadas e sem futuro? Têm conseguido aplicar-lhes a excelente medicação da esperança e caridade, somente possíveis quando se permite sensibilizar-se com os dramas alheios? E com o montante de informes que possui, como têm procedido perante a vida? Têm utilizado da sabedoria da vida inconsciente para si mesmos, resolvendo suas próprias lutas interiores, ou têm apenas se deliciado com o ato de destacar-se como profissional aquilatado em congressos e eventos, que infundem ainda mais a sensação de grandeza e domínio em relação ao "mundo desconhecido" das técnicas e caminhos da vida mental?

E o autodidata espírita? Como tem usado o que sabe? Tem promovido criaturas ou usado de seu tesouro para consolidar posições de "homens com todas as respostas?" Tem relativizado os assuntos espirituais ou tem agido com certezas conclusivas sobre temas extremamente versáteis da metafísica? Tem procurado tornar útil à comunidade sua bagagem doutrinária ou tem se encastelado no preciosismo de gastar enorme tempo para construir teorias talhadas no perfeccionismo? Tem sabido ouvir opiniões diversas com caridade e proveito ou se mantido no círculo estreito de suas ideias, originadas em fartas pesquisas que lhe causam a impressão de descobertas inusitadas?

Somente crendo que há algo superior regendo os mecanismos do universo e compreendendo nossa realidade nesse contexto sistêmico das Leis Naturais é que teremos recursos para agir com consciência acerca do nosso papel na harmonia cósmica.

O que importa é aprender a usar a inteligência para despertar nas almas o desejo de serem solidárias na vida e consolidarem a ideia de Deus no coração – algo extremamente escasso na atualidade, considerando que mestrados e teses quase sempre são defendidos com o único propósito de melhorar proventos financeiros.

Cultura é indício de compromisso. Inteligência é traço mental solicitando o complemento do amor para conduzir o homem aos rumos do bem. O dever natural de quem sabe mais é ajudar quem sabe menos a entender o que vale a pena saber para ser feliz, é tornar-se responsável pelo meio onde labora, auxiliando o entendimento e cooperando com o progresso.

Pouco importa para um espírita culto a mais avançada técnica da atualidade, se ele não souber incutir dentro de si e dos outros a alma da vida, o amor.

Despertar nos seres humanos o gosto de servir, o respeito à natureza e o sentimento da existência de Deus é a grande missão do homem espírita inteligente na Terra. Se, ao contrário, preferir manter-se nas gélidas posturas do homem científico, que separa academicismo e espiritualidade, estará repetindo velhos erros e sendo iludido pela crueldade sutil da soberba e da necessidade de prestígio. A consequência mais grave desse quadro é o sentimento de autossuficiência em que estacionará, supondo encontrar nos valorosos avanços da ciência humana o essencial para cumprir sua missão, ou mesmo cultivar a velha ilusão de que conhecimento é sinônimo de elevação espiritual.

Espiritismo sempre de mãos dadas com a ciência e a sociedade: essa é a plataforma sobre a qual devemos nos conduzir nos assuntos da inteligência, sem que um se sobreponha ao outro. Esse é o desafio!

Fica claro que, para conseguir esse objetivo, somos convidados a severo regime de autoanálise sobre quais são as motivações e tendências que movimentamos, perante a cultura que adquirimos em alguma matéria específica do saber mundano, ou mesmo nas experiências da lavoura doutrinária.

Renovemos o conceito de cultura à luz dos princípios espíritas e da educação.

Igualmente reciclemos a noção de inteligência à luz da ciência humana, absorvendo as "novas" noções da multiplicidade desenvolvida por Howard Gardner[1].

---

[1] PHD em psicologia pela Havard University. Criador da teoria das Inteligências Múltiplas.

Cultura é convite a realizar mais e melhor. Inteligência é um conjunto de habilidades que nem sempre significa muita cultura.

Procuremos saber com clareza também se não estamos sofrendo de "poluição intelectual", ou seja, se temos sabido ser seletivos relativamente ao conhecimento, porque há muito "lixo" nas ideias terrenas que, em princípio, parecem ser temas extremamente importantes e essenciais, mas que não oferecem nenhuma utilidade para a conquista da paz, da saúde e do crescimento dos povos.

Muita informação pode não passar de escora para interesses pessoais, quando o importante é saber converter a informação em agente de transformação pessoal e coletiva onde nos situamos. Em muitos casos, a sede do conhecimento pode camuflar complexos fenômenos da vida afetiva, nos capítulos da carência e da frustração.

O convite para todos nós é que estejamos sempre bem informados e guardemos a simplicidade. Eis a virtude das almas solidárias.

Ter respostas simples para coisas complicadas é a grande virtude do homem inteligente na Terra, porque somente vibrando no espírito da simplicidade é que seremos capazes de tornar o saber num alavanca propulsora, rumo à felicidade e à libertação entre os homens.

"Severidade é crescimento e autoamor, motivação para continuar nos desafios de aprimoramento."

Capítulo 31

Severos, porém, sem culpa

"Sede, pois, severos para convosco, indulgentes para com os outros." José, Espírito protetor (Bordéus, 1863).

O evangelho segundo espiritismo – cap. 10 – item 16.

Severidade conosco significa vigilância mental ativa, crescente e permanente para não permitirmos hiatos nos esforços educativos das nossas inclinações. Esse cuidado com a personalidade é essencial ao progresso moral e espiritual, porque é exatamente nos instantes de relaxamento interior que costumam brotar o derrotismo, a obsessão e as más ideias; é quando se percebe com mais clareza as insatisfações que vinham sendo esquecidas e superadas no trabalho do bem, mas que sob uma análise descuidada podem tomar proporções onerosas aos projetos de elevação nos quais nos encontramos incursos, levando a decisões precipitadas e imprevisíveis.

Limite tênue existe entre a severidade como regime de disciplina e o sentimento de cobrança que nos conduz a querer fazer o que ainda não damos conta. Uma imposição para a qual não temos preparo, sendo injustos conosco.

Em tudo deve vigorar o equilíbrio. A recomendação de José, o Espírito protetor, não deve ser entendida como uma atitude de inflexibilidade e castigo a nós mesmos. Ser severo com compassiva tolerância às nossas fragilidades é o que sugere o bom senso e a caridade. Autoaceitação sem conivência.

No entanto, o sentimento de culpa, com suas lamentáveis consequências, tem comparecido em boa parte dos aprendizes da doutrina espírita em razão de reminiscências da condenação eterna, fundamento da formação religiosa tradicional. Surge na forma de sutil desconfiança na possibilidade verdadeira de crescimento e melhoria individual, gerando uma atmosfera de descrença nos ideais e no seu próprio esforço. Quanto mais passa o tempo, mais a criatura estabelece cobranças no seu aperfeiçoamento moral e, não atingindo os patamares desejados, cai no desânimo e na deserção.

Por conta dessa sábia instrução contida na codificação, muitos idealistas, portadores de valores forjados no sacrifício da renovação interior, habituaram a julgarem-se hipócritas e desleais perante seus deslizes, penetrando as faixas emocionais da autopunição em descaridosos episódios de desamor a si próprios. Nesse quadro, esquecem-se do quanto já edificaram de bom na intimidade e optam por fixarem-se em crenças negativas, supervalorizando suas imperfeições, negando o autoperdão, caminhando para conflituosos estados íntimos que ativam os sentimentos de desprezo, raiva, desânimo, ansiedade, tristeza, desespero e pessimismo.

Grande diferença existe entre "ser imperfeito" e "estar imperfeito". Não fomos criados para o sofrimento e o mal. O fato de cometer faltas não intencionais faz parte do demorado processo de transformação da personalidade. Nós, que verdadeiramente nos comprometemos com a melhoria interior precisamos nos dar conta de que as vacilantes intenções de ser um homem novo necessitam do otimismo para se concretizar. Não somos infelizes, estamos, temporariamente, infelizes. Não somos deprimidos, estamos, passageiramente, deprimidos. Somos luz, somos deuses...

Trágico equívoco acreditar na perfeição instantânea depois de milhares de anos no cultivo intencional de ervas daninhas no solo do coração. Conhecimento não basta. Quando Jesus afirma o valoroso ensino "Conhecereis a verdade e ela vos libertará"[1], certamente não se referia à verdade que permanece na órbita do cérebro, porque se assim fosse todos os espíritas, detentores de largos fachos de luz da verdade, estariam libertos das lutas contra a inferioridade que ainda nos aprisiona nas celas da vaidade e do orgulho. O Mestre, evidentemente, referia-se à verdade que atinge as distantes regiões do coração, à verdade sobre nós mesmos, a nossa realidade.

É mister efetuar o serviço delicado nos campos do sentimento, aprendendo a arar as tendências, hábitos e desejos em direção aos roteiros do bem. Mergulhar na vida profunda do inconsciente - o desconhecido reino do automatismo - e pesquisar as raízes afetivas de nossas vivências.

Culparmo-nos, pelo mal que ainda não conseguimos vencer, em nada nos melhora. Certamente em alguns casos de personalidade rebelde ela funciona como uma defesa a fim de não desistirmos de lutar, impulsionando a criatura ao recomeço para não agir novamente da mesma forma. Afora isso, é um instrumento pouco eficiente para promover a correção.

Melhora real só obteremos com autoestima, valorizando, severamente, a "parte boa" que possuímos, fixando as crenças no "homem novo" que já desejamos

---

[1] João 8:32.

ser, guardando o "olhar mental" na meta gloriosa de ser hoje melhor que ontem, sem nos distrairmos com os chamados inferiores do "homem velho" que agoniza, mas teima em ressuscitar.

Culpa é tortura e desamor, impulso para baixo.

Severidade é crescimento e autoamor, motivação para continuar nos desafios de aprimoramento.

Jamais desistamos da melhora. O tempo e a maturidade demonstrarão como é preenchedora a opção que escolhemos sob a égide dos luminosos ideais espíritas-
-cristãos. Sem perfeccionismo e fazendo o melhor que pudermos, experimentaremos a alegria da vitória, cujo troféu chama-se felicidade.

*"O ato de ouvir
não se restringe
a escutar palavras."*

Capítulo 32

Vencendo o personalismo

"Admirai, no entanto, a bondade de Deus, que nunca fecha a porta ao arrependimento. Vem um dia em que ao culpado, cansado de sofrer, com o orgulho afinal abatido, Deus abre os braços para receber o filho pródigo que se lhe lança aos pés. As provas rudes, ouvi-me bem, são quase sempre indício de um fim de sofrimento e de um aperfeiçoamento do Espírito, quando aceitas com o pensamento em Deus."

O evangelho segundo espiritismo – cap. 14 – item 9.

Espíritos saindo do primarismo para conquistas medianas, nossa principal qualidade é a disposição de mudança na melhoria íntima, já que nos arrependemos sinceramente do mal. Iniciamos, a exemplo do filho pródigo do Evangelho, a nossa viagem de volta à Casa Paterna buscando o aconchego e a dulcificação do amor.

Essa volta, porém, exigir-nos-á o preço da reeducação, a começar pelo personalismo que se solidifica na intimidade como um dos pilares de nossas imperfeições.

Podemos entender o personalismo como sendo o apego com tudo que parte de nós. Esse apego é fator sinalizador de gratificação afetiva escassa conosco mesmo, insuficiência de autoamor. Quando nos amamos verdadeiramente não há motivo para a atitude personalista, porque nos realizamos com o ato de ser sem aguardar compensação, aplauso e possessividade.

Seu traço mais comum é a paixão crônica com o eu, manifestada de formas variadas. Algumas delas são: irredutibilidade velada ou clara, vaidade intelectual, dificuldade de conviver pacificamente com a diversidade humana, manipulação interpretativa de conceitos, autoritarismo nas decisões, boicote na cooperação a projetos que partam de outras cabeças, aborrecimento ante as cobranças e correções, sistemática competição para produzir além dos outros e da capacidade pessoal, coleção de animosidades, excessiva valorização que conferimos a nós mesmos, amor próprio, apego às nossas obras, superlativa fixação dos valores que possuímos ou acreditamos possuir, pretensões de destaque e vício de ser elogiado.

Suas causas podem ser encontradas na história remota da evolução, quando tivemos no instinto de conservação um importante fator de fixação e agregação de valores morais consolidando a consciência de si. A conservação como fonte de defesa e automatização da consciência de si tornou-se egoísmo, uma exageração dessa necessidade natural, na qual nos encontramos até hoje.

Na infância, encontramos outras tantas razões muito bem abordadas por Sigmund Freud na questão da personalidade egocêntrica, cujo processo de amadurecimento psíquico é mal conduzido, ensejando carências afetivas profundas que irão refletir no homem adulto como insegurança e fantasias narcisistas.

Em torno de seus passos sempre se encontram a fama, o autoritarismo, a vaidade, o desejo de realce, a inveja: "súditos do império do eu".

Tendo subtraída a empatia, o personalista é alguém que não sabe dialogar, dividir, intercambiar. Não sabendo interagir com o outro, entender-lhe os motivos e necessidades, está sempre com uma "receita de viver" nos lábios, impedindo-se da mais nobre ação íntima da caridade que é o ato de compartilhar vivências com o ser alheio.

Como seu dinamismo é a centralização no "eu", a reeducação dessa tendência está em aprender a ouvir o outro. O ato de ouvir não se restringe a escutar palavras. Ouvir é o estado de plena receptividade para o outro, independentemente de quem seja.

Essa conquista será um exercício doloroso ao personalista. Exigirá desprendimento, humildade, assertividade, falar menos e meditar mais. Ouvir significa cultivar sensibilidade para com aqueles que nos rodeiam; sensibilidade que nos permita sempre um foco positivo do próximo entendendo-lhe as razões, ainda que esteja em equívoco, abrindo-se para ser-lhe útil, desarmado de pré-conceitos. Ouvir é aprender a receber críticas e admoestações até daqueles que nos parecem despreparados para fazê-las, habituando-se a indagar a real utilidade e importância das ideias pessoais. Ouvir é alteridade, respeito às singularidades de cada um. A partir daí se aprende a construir uma relação altruísta, pacífica e saudável com as diferenças e os diferentes, nas experiências de todo instante.

A vitória sobre o personalismo, portanto, está em sair de si acolhendo o outro, o diferente, com interesse altruísta e fraterno, aprendendo a "esvaziar-se do ego", sentindo o outro.

O retorno à Casa Paterna inclui o ato de desprender-se de si para ouvir o Pai. Tal lição será aprendida na escola da convivência diuturna com quantos passem pelos nossos caminhos.

Assim, assumiremos definitivamente a condição de filhos pródigos em plenitude de sintonia com as riquezas de Deus, aprendendo a ouvir-Lhe os conselhos no foro da consciência, em favor da nossa felicidade.

"As poses religiosas sempre fizeram parte das atitudes humanas no intuito de convencer o outro daquilo que não convencemos a nós próprios."

Capítulo 33
Espiritismo por dentro

"A benevolência para com os seus semelhantes, fruto do amor ao próximo, produz a afabilidade e a doçura, que lhe são as formas de manifestar-se. Entretanto, nem sempre há que fiar nas aparências. A educação e a frequentação do mundo podem dar ao homem o verniz dessas qualidades. Quantos há cuja fingida bonomia não passa de máscara para o exterior, de uma roupagem cujo talhe primoroso dissimula as deformidades interiores! O mundo está cheio dessas criaturas que têm nos lábios o sorriso e no coração o veneno; que são brandas, desde que nada as agaste, mas que mordem à menor contrariedade; cuja língua, de ouro quando falam pela frente, se muda em dardo peçonhento, quando estão por detrás."
Lázaro (Paris, 1861).

O evangelho segundo espiritismo – cap. 9 – item 6.

O casal Andrade e seus filhos eram integrantes ativos da organização doutrinária que patrocinava um grande evento espírita naquela pequena cidade. O esplanador da ocasião havia sido recebido naquele lar com muita gentileza por parte de seus anfitriões. Durante o almoço, o marido esmerava-se em gestos e posturas de cordialidade buscando atender convenientemente o visitante, no entanto, sua esposa mantinha-se taciturna, com um olhar de revolta.

O orador, porque era médium de faculdades educadas, aguçou suas antenas psíquicas na verificação do que passava com dona Anastácia, captando intensa dor e tristeza nos sentimentos da sua anfitriã.

O evento realizou-se durante a tarde e parte da noite. No retorno ao lar, novamente a cena instalava-se à hora do repasto noturno, sendo que desta feita a esposa conturbada sai aos prantos da mesa, em crise inesperada. O palestrante, preocupado com o ocorrido, indaga ao esposo se algo poderia fazer e recebe queixas e debochess insensíveis do marido. Resolve, então, por solicitar um diálogo com Anastácia e que, sem pestanejar, desabafou dizendo: "eu gostaria que meu marido me tratasse com um centésimo da finura com a qual ele tem tratado o senhor como nosso visitante!"

*****

Espiritismo de aparências. Espiritismo de superfície.

A assimilação das propostas éticas da doutrina seguem uma sequência natural e paulatina de maturidade. Primeiro atinge as ideias, posteriormente penetra os sentimentos e, por fim, renova as atitudes. Evidentemente, não será possível estipular uma separação perceptível entre essas etapas, porque elas se complementam e interagem sem que haja uma nitidez sobre seus efeitos.

Na pequena historieta acima, nota-se que o esposo de dona Anastácia apresentava uma fachada para os que são de fora do lar, mas na intimidade era um homem rude com sua companheira. Durante um estágio do processo de renovação espiritual essa conduta, inevitavelmente, fará parte do contexto do aperfeiçoamento. O incômodo decorrente dessa situação levará o aprendiz da espiritualização a buscar uma coerência entre suas forças interiores na aquisição de sua própria paz. Todavia, se o aprendiz não se devotar o suficiente, poderá permanecer demasiadamente no "Espiritismo de adorno".

Pensamento, sentimento e ação são vivências que a princípio se contrapõem nessa escala do crescimento moral. Pensa-se algo, sente-se diversamente e age-se em dissonância com ambos. Uma desarmornia existe entre as três potências da alma. O esclarecimento espírita atinge o campo do pensar permitindo que a reflexão conduza o homem a novas formas de entendimento e avaliação da sua existência, no entanto, a transformação do sentir e os cuidados com as atitudes são os verdadeiros indicadores de que essa informação intelectiva está sofrendo uma metamorfose na intimidade, através do acionamento da vontade e do esforço na mudança de hábitos e reações perante os fatos da vida.

Espíritas que se aplicam na reforma interior não são identificados por suas ações no campo das aparências, que podem não passar de verniz ou máscara para dissimular suas imperfeições e impressionar com qualidades que não adquiriu, mas são reconhecidos por suas reações aos testes de cada hora onde estiver. A forma de reagir a uma ofensa, a uma perda, a uma traição, mede a qualidade das mudanças que realmente temos operado no sentimento e se temos o Espiritismo de aparências ou por dentro. Como diz Lázaro: "(...) são brandas, desde que nada as agaste, mas que mordem à menor contrariedade", isso é uma reação.

As poses religiosas sempre fizeram parte das atitudes humanas no intuito de convencer o outro daquilo que não convencemos a nós próprios. Essa atitude é reflexo do orgulho em querer parecer o que ainda não somos para fruir das sensações de que estamos sendo admirados e prezados pelos outros. Além de orgulho, é também escassez de autoestima, é a mendicância da consideração alheia apresentando "falsos dotes" para chamar a atenção e conquistar o apreço. Genuflexões, voz mansa, abraços calorosos, sorrisos de alegria são bons modos que podem, algumas vezes, esconder propósitos falsos ou interesses escusos de prestígio.

Essa "santidade de superfície" pode ser considerada natural nos primeiros tempos do contato com as Revelações Novas na vida da criatura até que ela se ajuste a uma conduta que melhor expresse a sua realidade. Mas para aqueles que passam os anos detendo-se nesses "chavões de puritanismo", podem estar sofrendo de "negação psicológica", ou seja, a manutenção de algum mecanismo de defesa que impeça de analisar-se com sinceridade e construir a autoaceitação. O orgulho, como doença da alma, é habilidoso o bastante para gerar uma "capa de ofuscamento" das nossas imperfeições e criar uma "miragem encantadora", com virtudes que ainda não desenvolvemos, nas quais ele nos faz acreditar. Até certo ponto é uma forma natural de se proteger da angústia e da aflição provocadas pelo autoconhecimento que produz o esclarecimento espírita, angústia decorrente do contato com a nossa inferioridade. É muito doloroso reconhecer nossa verdadeira condição espiritual.

Aprender a sermos nós mesmos, aprender a conviver pacificamente com nossos conflitos, aprender a dividir nossas angústias com alguém na busca de caminhos, aprender a lidar com autenticidade, essas são algumas das lições do Espiritismo por dentro.

Ardilosos adversários espirituais da nossa causa têm explorado habilmente a fragilidade do "psiquismo místico" de várias criaturas que aderiram aos princípios renovadores da imortalidade. Não conseguindo desanimá-las da frequência às atividades, optam então por incentivar as discussões polêmicas e atenções de amigos queridos com assuntos de exterioridade, insuflando enganos de toda espécie que formam crenças e crentes em assuntos de menor importância para nossas fileiras, dilatando o grupo daqueles que se tornam oponentes em discussões estéreis que perturbam o clima vibratório dos ambientes. Além disso, é dessas discussões estéreis e precipitadas que costumam surgir as teses que fortalecem o institucionalismo nas práticas e conceitos doutrinários, através do rigorismo que enaltece a pureza por fora, mas que não cogita da pureza por dentro, nos recessos do coração.

Na lista dos temas preferidos, estão as fórmulas de desenvolvimento das práticas doutrinárias, distraindo-se com opiniões personalistas e que pouco acrescem ao bem das realizações das quais fazem parte. Enquanto se discute sobre questões de fora, esquece-se das questões íntimas, que são mais difíceis de serem tratadas e pensadas quando em um grupo de trabalho. Usa-se ou não luzes coloridas, come-se ou não a carne, bebe-se ou não os alcoólicos, dá-se ou não o passe com olhos fechados, coloca-se ou não uma placa com o nome do centro na via pública, lê-se ou não a obra de tal autor não considerado espírita, coloca-se ou não as garrafas destampadas para fluidificar a água, permite-se ou não a incorporação mediúnica, ora-se ou não de olhos abertos. A lista não pára, é interminável.

Outras vezes, a sutil interferência obsessiva opera-se na velha tradição ético-religiosa de estipular padrões de conduta na forma: "espírita pode fazer isso mas não pode fazer aquilo". Assuntos, todos eles, que podem até ser interessantes discutir, mas que têm provocado um movimento de inutilidade e obsessão em razão da forma infantil como são tratados, dando-lhes exagerada importância e priorizando o exterior em detrimento da essência – um reflexo natural dos mecanismos de defesa com os quais a maioria dos homens encarnados lidam na atualidade.

Seria mais interessante, embora penoso, discutir o que faremos para perdoar um inimigo, como vencer um hábito sexual, como vencer impulsos menos dignos para com alguém, como ser uma criatura agradável onde vivemos, porque nos ofendemos com uma determinada forma de agir, qual a razão de nos irritarmos perante um fato específico, qual a origem de certas fantasias que nos acompanham compulsivamente, porque determinada tarefa é trabalhosa para nós, onde as causas da preguiça para estudar, como se sentir motivado para a leitura edificante, o que podemos fazer para ajudar alguém que todos querem excluir, qual a causa dos pensamentos de vingança que costumam surgir em nossa tela mental, quais os traumas da infância que ainda nos influenciam quando adultos, o motivo da atração ou rejeição por uma pessoa em particular... São muitas perguntas e incursões das quais, costumeiramente, afastamo-nos . Nisso reside os embriões para a instauração do Espiritismo por dentro!

Deixemos claro a esse respeito que não foram os ritos de fé e nem os sacramentos nas ideias que desviaram a sublime missão da mensagem da Boa Nova, e sim os sentimentos com os quais os homens se trataram mutuamente perante o entendimento de tais caminhos, nas trilhas sombrias da fé exterior. Se os costumes e posturas humanas tivessem sido aperfeiçoados no caráter nobre e na ação correta criando relações de amor, mesmo com castiçais e velas, missas e igrejismo, conduziríamos a fé aos patamares da maturidade e da elevação espiritual. Contudo, todos esses parametros e sistemas constituíram graves problemas para a humanidade, porque atrás dos regimes religiosos havia concentrado orgulho sustentando a sede do homem pela supremacia da verdade, assim como hoje existem muitos espíritas repetindo essa malfadada lição.

Sem temor algum, concluímos que ritos e poses em momento algum são os problemas que pesam sobre o futuro espiritual que espera os homens espíritas, mas, acima de tudo, a luz que não souberam ou não quiseram dilatar nos reinos do coração, perante os luminosos raios da Verdade entregues gratuitamente a todos os adeptos, nos seus caminhos de cada dia.

Capítulo 34

Solidariedade aos tarefeiros espíritas

"Qual o verdadeiro sentido da palavra caridade, como a entendia Jesus? Benevolência para com todos, indulgência para as imperfeições dos outros, perdão das ofensas."

O livro dos espíritos – questão 886.

Precisamos rever nossos atos solidários para com o trabalhador espírita. Necessitamos repensar planos de serviço e priorizar o trabalhador para que o trabalho frutifique com mais abundância e utilidade geral.

Nossa referência não diz respeito, tão somente, a capacitá-lo para as responsabilidades doutrinárias, e sim em instrumentalizá-lo de condições emocionais para a vida. O endosso de nossa tese, encontramo-lo na profunda solidão e amargura que têm causado sofrimento a muitos servidores, que a despeito de estarem prontos para a tarefa, não se encontram preparados para viverem em paz.

O ponto de análise está na sutilidade da relação entre estar pronto para ajudar e estar pronto a se ajudar.

Convencionou-se em nossas fileiras doutrinárias o amor ao próximo como sadio programa de vida e equilíbrio. Uma ideia correta, mas não completa.

A plataforma de amor dentro da ética universal, exarada pelo guia e modelo da humanidade, inclui também o amor a Deus e a si.

Quem se ama descobre os caminhos da autêntica liberdade.

Faz-se luz e amor a outros, contudo, todo espírita sincero deve indagar de si mesmo, frequentemente, se está adquirindo sua própria luz como conquista inalienável.

O decantado encontro consigo mesmo, muitas vezes, é penoso, sacrificial.

O mau entendimento dessa questão moral tem ocasionado uma campanha intensa pelos exercícios de caridade organizada e distraído o espírito de resgatar-se a si próprio.

Ama-se muito o próximo, sem aprender a amar-se.

Sem generalizações, e muito menos desvalorizando as iniciativas assistenciais de nosso movimento, quase sempre essas tarefas constituem campos de treinamento do hábito de amar e da sensibilização do afeto para com o outro, sem apontar caminhos para como estabelecer o autoencontro, o autoamor.

Os centros espíritas devem se empenhar na tarefa de ensinar a debater temáticas sobre a realidade íntima do ser, desdobrando-se em iniciativas preparatórias para que os servidores possam obter mais amplas possibilidades em favor do próximo, mas, igualmente, de si mesmos.

A análise do Espírito Verdade sobre a caridade não deixa dúvidas. Benevolência, indulgência e perdão são movimentos íntimos da alma, caminhos da caridade para com o outro, mas acima de tudo é luz que se acende no coração e com a qual devemos iluminar o próprio destino.

Por isso, convém reunirmos os grupos doutrinários em eventos de debate e lançar a intrigante questão:

Por que expressiva parcela dos trabalhadores espíritas está gerando tanta luz para os outros e não a consegue reter em si mesmos?

"Muita atenção para as trevas de fora acaba nos fazendo esquecer as trevas que temos de vencer dentro de nós."

Capítulo 35

A palestra de Maria Modesto Cravo

"Sem a humildade, apenas vos adornais de virtudes que não possuís, como se trouxésseis um vestuário para ocultar as deformidades do vosso corpo".

O evangelho segundo espiritismo – cap. 7 – item 11.

Estávamos no último dia do abençoado curso[1] com o benfeitor Eurípedes Barsanulfo. O aprendizado daqueles vinte dias não poderia ser descrito em uma obra tão singela quanto Mereça ser feliz. Foram vinte etapas de intenso júbilo que nos acresceram enormes responsabilidades.

Não bastasse a lição de vida e amor do apóstolo sacramentano, ainda tivemos ensejo de conviver e ouvir inúmeros servidores da Seara que enobreceram suas vidas na causa espírita: Inácio Ferreira, Ivone do Amaral Pereira, Anália Franco, Jerônimo Mendonça, Francisco de Paula Vítor, Benedita Fernandes, Cairbar Schutel... Os mais vivos e penetrantes relatos foram trazidos como alerta e recebidos como drágeas de motivação para servir com mais intensa abnegação e louvor. Todos atestaram com sabedoria e caridade a hora grave por que passa a lavoura espírita, convocando-nos a testemunhos de amor incondicional para salvarmos a embarcação que navega por entre os recifes do orgulho e os lençóis de areia da vaidade, com severo risco de encalhar. Foram exemplos claros, ditos com todas as letras e palavras a fim de melhor dimensionarmos a extensão do trabalho que nos espera, encarnados e desencarnados, nos roteiros do movimento espírita do mundo terreno.

---

[1] Referência ao curso realizado no Hospital Esperança conforme narrativa feita no capítulo 01 dessa obra, com o título "A Palestra de Eurípedes Barsanulfo".

No encerramento da atividade, a destemida servidora do Cristo, Maria Modesto Cravo, fundadora e dedicada cooperadora do Sanatório Espírita de Uberaba, foi chamada para apresentar seu lúcido e oportuno depoimento sobre humildade, como sendo a medicação apropriada para nossos problemas com o orgulho.

Suplicamos aos amigos leitores que, porventura, estranharem a tonalidade da linguagem de nossa amiga, que procurem alargar os campos do discernimento para melhor entenderem que nem todo servidor de Jesus terá discursos idênticos à meiguice de um Bezerra ou à erudição de um Emmanuel. Maria Modesta Cravo é franca sem ser chula, polida sem ser convencional. Acima de tudo, e sem nenhuma premissa fantasista, ela é a servidora que acumula as mais graves e elevadas responsabilidades junto ao Hospital Esperança, como poderão constatar os amigos no transcorrer de sua pronúncia. Seu estilo é um desafio à nossa capacidade de alteridade e compreensão sobre as reais qualidades dos trabalhadores de Jesus, cujos quesitos básicos são o sentimento elevado e a ação no bem. Passamos, então, na íntegra, sua fala inspirada, humorada e grave:

"Amados companheiros, paz e esperança,

Costumo dizer a Eurípedes que quando sou convocada a falar de humildade é porque meu próprio nome carrega a "sina" desse tema: Maria "Modesta", que vem de modéstia.

Não vou começar minha fala à moda convencional, dizendo coisas do tipo: "estou aqui, mas não tenho autoridade para falar desse tema". Muito pelo contrário, digamos humoradamente que me orgulho de minha humildade!

Os conceitos que tomaram conta da cultura popular sobre o que seja humildade prejudicam em muito seu verdadeiro significado. Associam-se humildade com simplicidade, pobreza, atitudes discretas e inúmeras coisas parecidas em ser alguém apagado, que não se destaca, que se mantém no anonimato, que não expressa e nem possui qualidades.

Jesus, muito Sábio e Humilde, certa feita foi chamado de Bom e não aceitou o adjetivo, alegando que Bom era só o Pai e que poderia ser chamado de Mestre, porque isso Ele era e assumia com louvor.[2]

Isso é a humildade, ter consciência do que se é.

Segundo o benfeitor Barsanulfo, esse curso destina-se a nos dar melhores noções sobre o orgulho e como superá-lo, enfocando especialmente a luta de nossos irmãos na comunidade espírita humana. Então eu gostaria de começar esse assunto dizendo, com a franqueza de sempre e com muita piedade, que os espíritas estão muito orgulhosos da humildade que imaginam possuir! Sim, é isso mesmo, e vocês são testemunhas das lutas e problemas que nossos irmãos queridos carregam para cá por causa disso.

A ignorância acerca do que realmente seja humildade, e também das formas cruéis e sutis de ação do orgulho, têm criado dificuldades que poderiam ser vencidas com um pouco de esclarecimento e algumas ações simples. Por isso, esse curso entre nós, além de ser material para nosso crescimento, é uma iniciativa que precisa ser levada aos amigos no corpo físico com urgência, a fim de melhor

---
[2] Mateus 19:16-17.

muni-los de recursos para a grande batalha na conquista dessa virtude.

A palavra adornos precisa ser ventilada aqui. Adornos, máscaras, capas, são expressões desagradáveis de se mencionar e que estão fazendo parte da vida psicológica e emocional de muitos corações bem intencionados, mas ignorantes sobre a sua própria realidade espiritual. Para ser franca e brincar um pouco com coisa séria, o movimento espírita está parecendo uma passarela onde o orgulho desfila com várias fantasias. Fantasias de grandeza e propriedade da verdade são os adornos que mais se vê!!!

Os que nos encontramos fora do corpo, sabemos bem quem são os "espíritos-espíritas", sua trajetória espiritual. Torna-se imperioso, mais que nunca, alertar nossos irmãos na carne acerca dos acontecimentos que temos presenciado aqui no Hospital Esperança, para devotarem-se com todas as forças na libertação do peso das ilusões que cultivam a pretexto de grandeza espiritual.

Logo após meu retorno para a vida dos espíritos, fui convocada por Eurípedes a coordenar as ações para um novo pavilhão junto a essa casa de amor[3], destinado a socorrer os líderes religiosos Cristãos da humanidade, especialmente os dirigentes espíritas. Por três décadas consecutivas, venho aprendendo nessa tarefa sobre os perniciosos reflexos do orgulho. O pavilhão sob as ordens de minha equipe tem crescido em tamanho e necessidades a cada dia.

Criamos uma atividade muito saudável para nossos assistidos chamada "tribuna da humildade". O nome

---
[3] Referência ao Hospital Esperança no mundo espiritual.

pode parecer um contra-senso, porque talvez devesse se chamar "tribuna do orgulho", entretanto para efeitos estratégicos a "tribuna da humildade" é algo desafiante. É uma tarefa destinada àqueles que já se encontram em recuperação e melhoria e que, depois de algum preparo sobre o tema, vão dar seus depoimentos pessoais, falar de suas fantasias de superioridade e seus equívocos. Aprendemos que somente quando começamos a tratar nossas doenças com naturalidade, sem medo e publicamente, é que se abrem os caminhos para a mudança. A "tribuna" tem sido uma tarefa terapêutica, conquanto dolorosa à maioria.

Com toda sinceridade, eu mesma não me acostumo a ouvir as narrativas. Não fossem os benefícios que essa tarefa tem apresentado, eu a encerraria. É muito doloroso para qualquer pessoa sair do mundo físico, na condição do líder aplaudido e reverenciado, com seus retratos nas galerias e museus, e chegar aqui como assistido e portador de severos enganos e arrependimentos. Claro que esse não tem sido o caminho de todos, e como me alegro em ver aqueles que venceram os convites da vaidade, seja no anonimato, seja na notoriedade. No entanto, a maioria tem se descuidado...

Em todos os campos dos seguidores de Jesus, encontramos fracassos e quedas. Nossos amigos de ideal espírita, por exemplo, costumam falar do orgulho como quem conhece e domina o tema, dando notas de sua presença até mesmo na prepotência em falar do assunto. Poucos demonstram consciência do orgulho do qual são portadores, poucos sabem realmente onde e como sua vaidade se manifesta. Basta dizer humoradamente que existem muitos orgulhosos da reforma íntima que já a alcançaram. Tão orgulhosos que se sentem melhores e mais adiantados que a maioria das pessoas, dando ensejo ao surgimento das férteis imaginações de que são missionários prontos para salvar a humanidade, quando, em verdade, expressiva maioria deles não estão conseguindo salvar nem a si mesmos. Alguns utilizam-se de frases do tipo: "quem sou eu para ser um apóstolo de Jesus" e relegam várias oportunidades de crescer dizendo-se humildes. Ocorre que, apesar de passarem esse atestado de falsa modéstia, no fundo, o sentimento que muita vez os domina é de que são apóstolos do Cristo, e diga-se de passagem, bons apóstolos. É uma humildade de adorno, porque o que vale mesmo é o que se sente no coração.

Sentimento, eis o cerne de nosso tema sobre o orgulho. O orgulho é um sentimento, o sentimento de grandeza, o sentimento que cria o vício de ser prestigiado, adulado, paparicado. É o sentimento que faz com que queiramos que o universo circule em nossa órbita personalista. Orgulho é sentimento de superioridade pessoal, por isso a humildade, seu oposto, tem que ser fruto também de um trabalho afetivo do espírito, tem que nascer do coração atrelado à consciência, como veremos adiante.

Não será demais dizer que o orgulho é um grande vilão, astuto e hábil sedutor. Os espiritistas estão confundindo, sob a ação hipnótica da vaidade, o conhecimento da doutrina com elevação espiritual. É isso mesmo, adquirem alguma fatia de saber, sentem-se detentores de verdades que poucos sabem e esbanjam a falsa sabedoria em longos discursos de conversão. E isso não ocorre somente aos novatos. Entre os dirigentes que temos atendido no "pavilhão Bezerra de Menezes", nome que demos para a ala sob nossa condução aqui no hospital, encontramos em todos a espontânea manifestação de surpresa ao perceberem que os livros espíritas, apesar da riqueza, dão pálida e distante ideia da realidade da morte e dos movimentos que se operam na erraticidade. É uma pena que tenham que morrer para perceberem que sabem tão pouco!!!

Isso ocorre porque a cultura espírita foi engessada, institucionalizada por padrões que impedem ampliar e dilatar a visão. O intercâmbio mediúnico estacionou em convenções que mais parecem cadeados que cerceiam a entrada espontânea e madura dos médiuns na consciência fiel sobre os fatos do mundo espiritual. E, nos bastidores, lá está ele, o nosso astuto inimigo, a prepotência, uma das camuflagens do orgulho, fortalecendo ideias de salvação e grandiosidade em função das ações de caridade e do conhecimento que dotaram muitos parceiros de ideal de acentuada invigilância sobre sua verdadeira condição.

Generalizou-se na comunidade espírita a preocupação com a "ação das trevas", e eu pergunto: será que justifica? Não estará essa preocupação tirando o foco sobre a real necessidade a ser trabalhada? Enquanto existe a supervalorização com as "ações dos infernos", distrai-se para os cuidados que requisitam a personalidade no que tange à sua transformação. Muita atenção para as trevas de fora acaba nos fazendo esquecer as trevas que temos de vencer dentro de nós. E, os que aqui nos encontramos, sabemos o quanto o nosso querido "gênio do mal" adora ver o rumo que tem tomado essa excessiva centralização na pessoa dos obsessores e das obsessões na seara doutrinária.

Levemos, portanto, ideias mais claras aos que assumiram o compromisso espírita de serem melhores hoje do que eram ontem, sem assustá-los, evidentemente.

Digamos a eles que séculos sucessivos naufragando nas fracassadas reencarnações edificaram um terrível sentimento de inutilidade e desvalor pessoal; é a angústia básica dos espíritos que renascem atualmente no corpo físico, um lacerante complexo de inferioridade. Vejam a necessidade que o homem tem de ser grande sem o ser, de fazer-se de forte sem o ser, de bancar o iluminado somente porque transitou alguns anos nas tarefas assistencialistas ou na leitura de uma dezena de livros libertadores. Os traumas da vida extrafísica, a dor do arrependimento ou da culpa, do medo e da fuga têm ocasionado reflexos mentais de difícil erradicação. Os remorsos na erraticidade, provenientes do que fizeram ou deixaram de fazer em anteriores existências, têm constituído a perpetuidade das provas que começam na carne e se mantém depois da morte corporal.

Expliquemos pois, aos que possam nos ouvir no plano físico, a importância da valorização mútua pela fraternidade, das equipes que se amam e tratam a todos como uma família, o valor da atenção para com os que ingressam no centro espírita, e, sobretudo, a urgência do diálogo fraterno como fonte terapêutica sobre os circuitos mentais auto-obsessivos.

Essa modéstia imaginada pelos espíritas precisa ser esclarecida em favor da felicidade deles próprios. Eles estão com orgulho da humildade que supõem possuir, meus amigos! Isso é grave!...

Uma modéstia imaginada e não sentida, uma quase fragmentação que beira os quadros mais conhecidos da "psicose pacífica", aceitável.

Como assevera Inácio Ferreira: "os espíritas estão passando por uma loucura controlada, uma psicose intermitente..." Mas temos que perguntar: quantos conseguirão manter esse controle e até quando?

Ainda usando as claras observações de Inácio, ele nos diz que "o pior louco é aquele que finge que não é louco, porque não assume, não quer enxergar.

Precisamos dizer-lhes sobre os efeitos desse estado mental aqui na vida imortal. Convocá-los a perceber os reflexos doentios que carregam na própria mente. Vemos quantos companheiros estão empenhados em largar cigarros, bebidas, carne e certos ambientes como se reforma íntima fosse restrita a movimentos primários de contenção. O trabalho no terreno dos sentimentos é o fiel da balança nos trâmites da evolução.

Temos aqui reunidos cem servidores que me ouvem e que se encontram no serviço ativo da psicografia junto à messe doutrinária. Se conseguirem êxito na tarefa de enviarem ao mundo físico as minhas palavras, gostaria que esclarecessem algo que tenho aprendido no socorro espíritas fracassados. O pronome "nós" tem sido empregado como manifestação de humildade, e vocês podem notar que o tempo todo de minha fala estou, propositalmente, usando a primeira pessoa, porque falo "eu", mas sinto nós, enquanto muitos falam "nós" e não são capazes de admitir o que se passa a poucos centímetros de suas vistas; é o personalismo travestido, uma fachada sem sentido para homens e mulheres que dizem seguir Jesus, o Altruísta de Deus. É certo afirmar que tudo começa a partir do que falamos, todavia é preciso assinalar que há muitos se iludindo e acomodando-se somente com as regras de fora, dentro do slogan "espírita faz isso e não faz aquilo", adotando "convenções formalizadas de humildade", quando o que Interessa é o que se passa no reino do coração. A isso chamamos de puritanismo, outro disfarce do nosso velho inimigo, as atitudes pudicas.

Bom, chega de falar dos espíritas!

Se um dia conseguirem um médium corajoso o bastante para relatar minha fala, digam que fiz isso como um "teste ao orgulho". Quem ler minha fala até esse ponto, sem ter um enfarto de revolta, é candidato a ser humilde no futuro!!!

Falemos agora de humildade.

O orgulho é a "sombra do ego", o sentimento que nos leva a sentir-nos maiores e melhores que todos. A humildade, seu oposto, é a luz que vem de dentro quando reconhecemos quem somos. Brota na alma como um estado afetivo ao conseguirmos romper com as camadas de falsidade e engano edificadas pelo egoísmo, e nos vermos enquanto Eu Divino.

Humildade é desilusão, reconhecimento de limites e qualidades, é conscientização.

Humildade é estar conectado com a essência da vida, a Verdade. Para isso é necessário a sintonia com a Verdade sobre nós mesmos, a realidade. É o estado de libertação das ilusões que nos permite enxergar com lucidez, sem vaidade ou desânimo. Humildade é o estado de realidade que conquistamos na medida do autodescobrimento.

Quem vibra no "espírito da humildade" recolhe sempre na vida o que tem valor real para seu crescimento, não agindo ao sabor das proclamadas mentiras mundanas, porque zelará por sua identidade universal sem deixar assediar-se por apelos inferiores. Quem estiver na humildade será alguém que conseguirá existir, sentir-se realizado, porque está buscando ser ele mesmo, e não ser o que os outros gostariam que fosse.

Portanto, humildade é a estrada de acesso para a felicidade.

O estado de "ausência de orgulho" só pode ser alcançado com o "sentimento de humildade", e não com essas capas que são colocadas para chamar a atenção alheia com virtudes que ainda não possuímos, camuflando impulsos de vaidade que, de alguma forma, inevitavelmente, vão escoar em variadas metamorfoses."

Essas capas são muitas, uma delas é a da pobreza. A vinculação da humildade com a pobreza é algo cultural, e a cultura popular, apesar de sábia, muitas vezes comete severos pecados de conceituação. Se tem algo que não é semelhante à humildade é a pobreza. Se assim o fosse, os países chamados de "terceiro mundo" - expressão preconceituosa das sociedades terrenas - seriam conscientes, felizes, realizados, resignados, não haveria revolta e nem crime. Não é isso que verificamos, infelizmente... Há muitos pobres revoltados e orgulhosos ao extremo; são simples no vestir e nos hábitos, mas se pudessem...

Devemos ter "alma de pobre", como assevera a educadora católica Maria Junqueira Schmith, contentar com o que temos. Contentamento é estado de realização interior que nasce da humildade. Universo é riqueza, a natureza é prodígio Divino de abundância. Pobreza é marca de mundos inferiores, é condição de seres que não se amam e nem tiveram alguém para amá-los. Pobreza não é humildade. Por isso, a mensagem espírita para os pobres deve ser a da riqueza interior como caminho para Deus.

Humildade não é apenas ter atitude modesta. De "Modesta" basta eu mesma!!! Mais que isso, é ter atitude de lucidez em razão de haver aprendido as causas profundas de seus modos de agir e reagir, mas também de suas qualidades: é o "estado da autenticidade". Pessoas humildes sabem "existir", não se permitindo os vícios da representação, da artificialidade, por isso são livres.

Essas capas infelizmente prestam um desserviço a nós mesmos, porque a dificuldade que apresentamos para reconhecer os erros, os limites, as imperfeições, é a mesma que leva a perturbar e adulterar as noções acerca das qualidades. O orgulho, portanto, impede o homem de tomar posse de si mesmo, dos seus limites e das suas virtudes.

Criou-se, por exemplo, uma cultura de que não se deve elogiar, realçar as qualidades para não incentivar a vaidade; uma mentalidade de que não devemos falar de virtudes porque não as temos. No lugar de riqueza espiritual fala-se em dívidas do passado, carmas, sofrimento, resignação, penúria, dor, uma cultura de inferioridade é disseminada no mundo pelo "gênio do mal" para que os homens não se sintam dignos do bem e do amor. Se temos talentos e virtudes é significativo que fiquem onde todos possam ver, e depois, quando uma qualidade realmente nos pertence, não temos como escondê-la; ela surge naturalmente. Essa discrição e humildade de fachada, pregada como conduta de vigilância, pode emperrar o crescimento, porque a criatura adota postura para fora, mas não é educada para saber como lidar com os sentimentos que estão dentro. Claro que ficar chamando a atenção para suas virtudes é atitude de infantilidade e vaidade, entretanto a relação que travamos com nossas qualidades é que precisa ser redimensionada; ocultá-las não vai levar a nada.

Essas capas, que são o vínculo doentio com o ego, iniciam-se no ato educativo durante a infância. A falta de contato com os sentimentos e habilidades inatas da criança são substituídas pelas normas ou costumes sociais, que conspiram para a formação do "homem social" descuidando do "homem-alma". O que é muito lamentável, porque dessa maneira a criança é levada a ser o que não é para atender a caprichos paternais ou requisitos da sociedade; seus sentimentos e pendores nem sempre são considerados. E os sentimentos são o espelho da consciência. Conhecê-los é criar um elo com a humildade, com quem somos verdadeiramente, deixando de ouvir as loucuras do ego e passando a "escutar Deus" na intimidade. A consciência expressa-se no coração com maior intensidade. Aprender a linguagem dos sentimentos é caminhar para o estado de humildade, de autoconhecimento.

Como disse anteriormente, certa feita alguém chamou Jesus de bom e Ele não aceitou o título, dizendo: Bom é o Pai. Porém, em outro momento ele sentenciou:

vós me chamais Mestre e Senhor, e dizeis bem, porque eu o Sou. Isso é humildade, saber quem se é. Nem mais, nem menos.

Não se expressa qualidades, não se elogia, entretanto fica uma carência de estima e consideração alheia no campo dos sentimentos que é muito natural e não pode ser confundida com o vício de prestígio. Todos precisam ser amados tanto quanto amar, serem estimulados tanto quanto estimular. Nem esconder, nem ficar mendigando a aprovação alheia. A humildade pregada como ocultação de virtudes e adoção de atitudes pudicas, que ainda não são sentidas no coração, é fator de deseducação e repressão dos potenciais de crescimento pessoal. Por incrível que pareça, isso é deixar de errar por orgulho.

Ah! Meus bons amigos! Precisaríamos de outro curso desse de vinte dias somente para tratar esse enfoque. Valha-nos Deus e Eurípedes para que consigamos o quanto antes, porque não tenho mais onde botar tanta gente no Pavilhão...!!!

Paz e esperança a todos!"

Ficha Técnica

Título
Mereça ser feliz

Autoria
Espírito Ermance Dufaux
Psicografia de Wanderley Oliveira

Edição
1ª

Editora
Dufaux (Belo Horizonte MG)

ISBN
978-85-63365-06-4

Capa
Andrei Polessi

Projeto gráfico
Mônica Abreu

Diagramação
Mônica Abreu

Revisão da diagramação
Nilma Helena

Revisão ortográfica
Monica Ferri

Coordenação e preparação de originais
Maria José da Costa e
Nilma Helena

Composição
Adobe Indesign, plataforma MAC

Páginas
304

Tamanho do miolo
16x23cm
Capa 16x23 com orelhs

Tipografia
Texto principal: Baskerville 14pt
Título: BahiaScript 26pt
Notas de rodapé: Baskerville 10pt

Margens
22 mm: 25 mm: 28 mm: 22 mm
(superior:inferior:interna;externa)

Papel
Miolo Avena 80g/m2
Capa papel DuoDesign 250g/m2

Cores
Miolo 1x1 cores P&B
Capa em 4x0 cores CMYK

Impressão
AtualDV (Curitiba - PR)

Acabamento
Miolo: Brochura, cadernos de 32 páginas, costurados e colados. Capa: Laminação fosca

Tiragem
Sob demanda

Produção
Abril / 2022

NOSSAS PUBLICAÇÕES

SÉRIE AUTOCONHECIMENTO

DEPRESSÃO E AUTOCONHECIMENTO - COMO EXTRAIR PRECIOSAS LIÇÕES DESSA DOR

A proposta de tratamento complementar da depressão aqui abordada tem como foco a educação para lidar com nossa dor, que muito antes de ser mental, é moral.

Wanderley Oliveira
16 x 23 cm
235 páginas

ebook

FALA, PRETO VELHO

Um roteiro de autoproteção energética através do autoamor. Os textos aqui desenvolvidos permitem construir nossa proteção interior por meio de condutas amorosas e posturas mentais positivas, para criação de um ambiente energético protetor ao redor de nossas vidas.

Wanderley Oliveira | Pai João de Angola
16 x 23 cm
291 páginas

ebook

QUAL A MEDIDA DO SEU AMOR?

Propõe revermos nossa forma de amar, pois estamos mais próximos de uma visão particularista do que de uma vivência autêntica desse sentimento. Superar limites, cultivar relações saudáveis e vencer barreiras emocionais são alguns dos exercícios na construção desse novo olhar.

Wanderley Oliveira | Ermance Dufaux
16 x 23 cm
208 páginas

ebook

APAIXONE-SE POR VOCÊ

Você já ouviu alguém dizer para outra pessoa: "minha vida é você"?
Enquanto o eixo de sua sustentação psicológica for outra pessoa, a sua vida estará sempre ameaçada, pois o medo da perda vai rondar seus passos a cada minuto.

Wanderley Oliveira
16 x 23 cm
152 páginas

ebook

A VERDADE ALÉM DAS APARÊNCIAS - O UNIVERSO INTERIOR

Liberte-se da ansiedade e da angústia, direcionando o seu espírito para o único tempo que realmente importa: o presente. Nele você pode construir um novo olhar, amplo e consciente, que levará você a enxergar a verdade além das aparências.

Samuel Gomes
16 x 23 cm
272 páginas

DESCOMPLIQUE, SEJA LEVE

Um livro de mensagens para apoiar sua caminhada na aquisição de uma vida mais suave e rica de alegrias na convivência.

Wanderley Oliveira
16 x 23 cm
238 páginas

7 CAMINHOS PARA O AUTOAMOR

O tema central dessa obra é o autoamor que, na concepção dos educadores espirituais, tem na autoestima o campo elementar para seu desenvolvimento. O autoamor é algo inato, herança divina, enquanto a autoestima é o serviço laborioso e paciente de resgatar essa força interior, ao longo do caminho de volta à casa do Pai.

Wanderley Oliveira | Pai João de Angola
16 x 23 cm
272 páginas

A REDENÇÃO DE UM EXILADO

A obra traz informações sobre a formação da civilização, nos primórdios da Terra, que contou com a ajuda do exílio de milhões de espíritos mandados para cá para conquistar sua recuperação moral e auxiliar no desenvolvimento das raças e da civilização. É uma narrativa do Apóstolo Lucas, que foi um desses enviados, e que venceu suas dificuldades íntimas para seguir no trabalho orientado pelo Cristo.

Samuel Gomes | Lucas
16 x 23 cm
368 páginas

AMOROSIDADE - A CURA DA FERIDA DO ABANDONO

Uma das mais conhecidas prisões emocionais na atualidade é a dor do abandono, a sensação de desamparo. Essa lesão na alma responde por larga soma de aflições em todos os continentes do mundo. Não há quem não esteja carente de ser protegido e acolhido, amado e incentivado nas lutas de cada dia.

Wanderley Oliveira | Ermance Dufaux
16 x 23 cm
300 páginas

MEDIUNIDADE - A CURA DA FERIDA DA FRAGILIDADE

Ermance Dufaux vem tratando sobre as feridas evolutivas da humanidade. A ferida da fragilidade é um dos traços mais marcantes dos aprendizes da escola terrena. Uma acentuada desconexão com o patrimônio da fé e do autoamor, os verdadeiros poderes da alma.

Wanderley Oliveira | Ermance Dufaux
16 x 23 cm
235 páginas

CONECTE-SE A VOCÊ - O ENCONTRO DE UMA NOVA MENTALIDADE QUE TRANSFORMARÁ A SUA VIDA

Este livro vai te estimular na busca de quem você é verdadeiramente. Com leitura de fácil assimilação, ele é uma viagem a um país desconhecido que, pouco a pouco, revela características e peculiaridades que o ajudarão a encontrar novos caminhos. Para esta viagem, você deve estar conectado a sua essência. A partir daí, tudo que você fizer o levará ao encontro do propósito que Deus estabeleceu para sua vida espiritual.

Rodrigo Ferretti
16 x 23 cm
256 páginas

APOCALIPSE SEGUNDO A ESPIRITUALIDADE - O DESPERTAR DE UMA NOVA CONSCIÊNCIA

Num curso realizado em uma colônia do plano espiritual, o livro Apocalipse, de João Evangelista, é estudado de forma dinâmica e de fácil entendimento, desvendando a simbologia das figuras místicas sob o enfoque do autoconhecimento.

Samuel Gomes
16 x 23 cm
313 páginas

VIDAS PASSADAS E HOMOSSEXUALIDADE - CAMINHOS QUE LEVAM À HARMONIA

"Vidas Passadas e Homossexualidade" é, antes de tudo, um livro sobre o autoconhecimento. E, mais que uma obra que trada do uso prático da Terapia de Regressão às Vidas Passadas . Em um conjunto de casos, ricamente descritos, o leitor poderá compreender a relação de sua atual encarnação com aquelas que ele viveu em vidas passadas. O obra mostra que absolutamente tudo está interligado. Se o leitor não encontra respostas sobre as suas buscas psicológicas nesta vida, ele as encontrará conhecendo suas vidas passadas.
Samuel Gomes

Dra. Solange Cigagna
16 x 23 cm
364 páginas

SÉRIE CONSCIÊNCIA DESPERTA

SAIA DO CONTROLE - UM DIÁLOGO TERAPEUTICO E LIBERTADOR ENTRE A MENTE E A CONSCIÊNCIA

Agimos de forma instintiva por não saber observar os pensamentos e emoções que direcionam nossas ações de forma condicionada. Por meio de uma observação atenta e consciente, identificando o domínio da mente em nossas vidas, passamos a viver conscientes das forças internas que nos regem.

Rossano Sobrinho
16 x 23 cm
268 páginas

SÉRIE CULTO NO LAR

VIBRAÇÕES DE PAZ EM FAMÍLIA

Quando a família se reune para orar, ou mesmo um de seus componetes, o ambiente do lar melhora muito. As preces são emissões poderosas de energia que promovem a iluminação interior. A oração em família traz paz e fortalece, protege e ampara a cada um que se prepara para a jornada terrena rumo à superação de todos os desafios.

Wanderley Oliveira | Ermance Dufaux
16 x 23 cm
212 páginas

JESUS - A INSPIRAÇÃO DAS RELAÇÕES LUMINOSAS

Após o sucesso de "Emoções que curam", o espírito Ermance Dufaux retorna com um novo livro baseado nos ensinamentos do Cristo, destacando que o autoamor é a garantia mais sólida para a construção de relacionamentos luminosos.

Wanderley Oliveira | Ermance Dufaux
16 x 23 cm
304 páginas

REGENERAÇÃO - EM HARMONIA COM O PAI

Nos dias em que a Terra passa por transformações fundamentais, ampliando suas condições na direção de se tornar um mundo regenerado, é necessário desenvolvermos uma harmonia inabalável para aproveitar as lições que esses dias nos proporcionam por meio das nossas decisões e das nossas escolhas, [...].

Samuel Gomes | Diversos Espíritos
16 x 23 cm
223 páginas

PRECES ESPÍRITAS

Porque e como orar?
O modo como oramos influi no resultado de nossas preces?
Existe um jeito certo de fazer a oração?
Allan Kardec nos afirma que *"não há fórmula absoluta para a prece"*, mas o próprio Evangelho nos orienta que *"quando oramos, devemos entrar no nosso aposento interno do coração e, fechando a porta, busquemos Deus que habita em nós; e Ele, que vê nossa mais secreta realidade espiritual, nos amparará em todas as necessidades. Ao orarmos, evitemos as repetições de orações realizadas da boca para fora, como muitos que pensam que por muito falarem serão ouvidos. Oremos a Deus em espírito e verdade porque nosso Pai sabe o que nos é necessário, antes mesmo de pedirmos "*.
(Mateus 6:5 a 8)

Allan Kardec
16 x 23 cm
145 páginas

O EVANGELHO SEGUNDO O ESPIRITISMO

O Evangelho de Jesus Cristo foi levado ao mundo por meio de seus discípulos, logo após o desencarne do Mestre na cruz. Mas o Evangelho de Cristo foi, muitas vezes, alterado e deturpado através de inúmeras edições e traduções do chamado Novo Testamento. Agora, a Doutrina Espírita, por meio de um trabalho sob a óptica dos espíritos e de Allan Kardec, vem jogar luz sobre a verdadeira face de Cristo e seus ensinamentos de perdão, caridade e amor.

Allan Kardec
16 x 23 cm
431 páginas

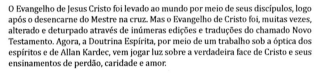

SÉRIE DESAFIOS DA CONVIVÊNCIA

QUEM SABE PODE MUITO. QUEM AMA PODE MAIS

A lição central desta obra é mostrar que o conhecimento nem sempre é suficiente para garantir a presença do amor nas relações. "Estar informado é a primeira etapa. Ser transformado é a etapa da maioridade." - Eurípedes Barsanulfo.

Wanderley Oliveira | José Mário
16 x 23 cm
312 páginas

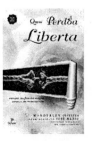

QUEM PERDOA LIBERTA - ROMPER OS FIOS DA MÁGOA ATRAVÉS DA MISERICÓRDIA

Continuação do livro "QUEM SABE PODE MUITO. QUEM AMA PODE MAIS" dando sequência à trilogia "Desafios da Convivência".

Wanderley Oliveira | José Mário
16 x 23 cm
320 páginas

SERVIDORES DA LUZ NA TRANSIÇÃO PLANETÁRIA

Nesta obra recebemos o convite para nos integrar nas fileiras dos Servidores da Luz, atuando de forma consciente diante dos desafios da transição planetária. Brilhante fechamento da trilogia.

Wanderley Oliveira | José Mário
14x21 cm
298 páginas

SÉRIE ESPÍRITOS DO BEM

GUARDIÕES DO CARMA - A MISSÃO DOS EXUS NA TERRA

Pai João de Angola quebra com o preconceito criado em torno dos exus e mostra que a missão deles na Terra vai além do que conhecemos. Na verdade, eles atuam como guardiões do carma, nos ajudando nos principais aspectos de nossas vidas.

Wanderley Oliveira | Pai João de Angola
16 x 23 cm
288 páginas

GUARDIÃS DO AMOR - A MISSÃO DAS POMBAGIRAS NA TERRA

"São um exemplo de amor incondicional e de grandeza da alma. São mães dos deserdados e angustiados. São educadoras e desenvolvedoras do sagrado feminino, e nesse aspecto são capazes de ampliar, nos homens e nas mulheres, muitas conquistas que abrem portas para um mundo mais humanizado, [...]".

Wanderley Oliveira | Pai João de Angola
16 x 23 cm
232 páginas

GUARDIÕES DA VERDADE - NADA FICARÁ OCULTO

Neste momento de batalhas decisivas rumo aos tempos da regeneração, esta obra é um alerta que destaca a importância da autenticidade nas relações humanas e da conduta ética como bases para uma forma transparente de viver. A partir de agora, nada ficará oculto, pois a Verdade é o único caminho que aguarda a humanidade para diluir o mal e se estabelecer na realidade que rege o universo.

Wanderley Oliveira | Pai João de Angola
16 x 23 cm
236 páginas

SÉRIE ESTUDOS DOUTRINÁRIOS

ATITUDE DE AMOR

Opúsculo contendo a palestra "Atitude de Amor" de Bezerra de Menezes, o debate com Eurípedes Barsanulfo sobre o período da maioridade do Espiritismo e as orientações sobre o "movimento atitude de amor". Por uma efetiva renovação pela educação moral.

Wanderley Oliveira | Ermance Dufaux e Cícero Pereira
14 x 21 cm
94 páginas

SEARA BENDITA

Um convite à reflexão sobre a urgência de novas posturas e conceitos. As mudanças a adotar em favor da construção de um movimento social capaz de cooperar com eficácia na espiritualização da humanidade.

Wanderley Oliveira e Maria José Costa | Diversos Espíritos
14 x 21 cm
284 páginas

Gratuito em nosso site, somente em:

NOTÍCIAS DE CHICO

"Nesta obra, Chico Xavier afirma com seu otimismo natural que a Terra caminha para uma regeneração de acordo com os projetos de Jesus, a caracterizar-se pela tolerância humana recíproca e que precisamos fazer a nossa parte no concerto projetado pelo Orientador Maior, principalmente porque ainda não assumimos responsabilidades mais expressivas na sustentação das propostas elevadas que dizem respeito ao futuro do nosso planeta."

Samuel Gomes | Chico Xavier
16 x 23 cm
181 páginas

 ## SÉRIE FAMÍLIA E ESPIRITUALIDADE

UM JOVEM OBSESSOR - A FORÇA DO AMOR NA REDENÇÃO ESPIRITUAL

Um jovem conta sua história, compartilhando seus problemas após a morte, falando sobre relacionamentos, sexo, drogas e, sobretudo, da força do amor na redenção espiritual.

Adriana Machado | Jefferson
16 x 23 cm
392 páginas

UM JOVEM MÉDIUM - CORAGEM E SUPERAÇÃO PELA FORÇA DA FÉ

A mediunidade é um canal de acesso às questões de vidas passadas que ainda precisam ser resolvidas. O livro conta a história do jovem Alexandre que, com sua mediunidade, se torna o intermediário entre as histórias de vidas passadas daqueles que o rodeiam tanto no plano físico quanto no plano espiritual. Surpresos com o dom mediúnico do menino, os pais, de formação Católica, se veem às voltas com as questões espirituais que o filho querido traz para o seio da família.

Adriana Machado | Ezequiel
16 x 23 cm
365 páginas

RECONSTRUA SUA FAMÍLIA - CONSIDERAÇÕES PARA O PÓS-PANDEMIA

Vivemos dias de definição, onde nada mais será como antes. Necessário redefinir e ampliar o conceito de família. Isso pode evitar muitos conflitos nas interações pessoais. O autoconhecimento seguido de reforma íntima será o único caminho para transformação do ser humano, das famílias, das sociedades e da humanidade.

Dr. Américo Canhoto
16 x 23 cm
237 páginas

SÉRIE HARMONIA INTERIOR

LAÇOS DE AFETO - CAMINHOS DO AMOR NA CONVIVÊNCIA

Uma abordagem sobre a importância do afeto em nossos relacionamentos para o crescimento espiritual. São textos baseados no dia a dia de nossas experiências. Um estímulo ao aprendizado mais proveitoso e harmonioso na convivência humana.

Wanderley Oliveira | Ermance Dufaux
16 x 23 cm
312 páginas

MEREÇA SER FELIZ - SUPERANDO AS ILUSÕES DO ORGULHO

Um estudo psicológico sobre o orgulho e sua influência em nossa caminhada espiritual. Ermance Dufaux considera essa doença moral como um dos mais fortes obstáculos à nossa felicidade, porque nos leva à ilusão.

Wanderley Oliveira | Ermance Dufaux
16 x 23 cm
296 páginas

REFORMA ÍNTIMA SEM MARTÍRIO - AUTOTRANSFORMAÇÃO COM LEVEZA E ESPERANÇA

As ações em favor do aperfeiçoamento espiritual dependem de uma relação pacífica com nossas imperfeições. Como gerenciar a vida íntima sem adicionar o sofrimento e sem entrar em conflito consigo mesmo?

Wanderley Oliveira | Ermance Dufaux
16 x 23 cm
288 páginas

ebook | ESPANHOL | INGLÊS

PRAZER DE VIVER - CONQUISTA DE QUEM CULTIVA A FÉ E A ESPERANÇA

Neste livro, Ermance Dufaux, com seus ensinos, nos auxilia a pensar caminhos para alcançar nossas metas existenciais, a fim de que as nossas reencarnações sejam melhor vividas e aproveitadas.

Wanderley Oliveira | Ermance Dufaux
16 x 23 cm
248 páginas

ebook

ESCUTANDO SENTIMENTOS - A ATITUDE DE AMAR-NOS COMO MERECEMOS

Ermance afirma que temos dado passos importantes no amor ao próximo, mas nem sempre sabemos como cuidar de nós, tratando-nos com culpas, medos e outros sentimentos que não colaboram para nossa felicidade.

Wanderley Oliveira | Ermance Dufaux
16 x 23 cm
256 páginas

ebook | ESPANHOL

DIFERENÇAS NÃO SÃO DEFEITOS - A RIQUEZA DA DIVERSIDADE NAS RELAÇÕES HUMANAS

Ninguém será exatamente como gostaríamos que fosse. Quando aprendemos a conviver bem com os diferentes e suas diferenças, a vida fica bem mais leve. Aprenda esse grande SEGREDO e conquiste sua liberdade pessoal.

Wanderley Oliveira | Ermance Dufaux
16 x 23 cm
248 páginas

ebook

EMOÇÕES QUE CURAM - CULPA, RAIVA E MEDO COMO FORÇAS DE LIBERTAÇÃO

Um convite para aceitarmos as emoções como forma terapêutica de viver, sintonizando o pensamento com a realidade e com o desenvolvimento da autoaceitação.

Wanderley Oliveira | Ermance Dufaux
16 x 23 cm
272 páginas

SÉRIE REFLEXÕES DIÁRIAS

PARA SENTIR DEUS

Nos momentos atuais da humanidade sentimos extrema necessidade da presença de Deus. Ermance Dufaux resgata, para cada um, múltiplas formas de contato com Ele, de como senti-Lo em nossas vidas, nas circunstâncias que nos cercam e nos semelhantes que dividem conosco a jornada reencarnatória. Ver, ouvir e sentir Deus em tudo e em todos.

Wanderley Oliveira | Ermance Dufaux
11 x 15,5 cm
133 páginas
Somente ebook

LIÇÕES PARA O AUTOAMOR

Mensagens de estímulo na conquista do perdão, da aceitação e do amor a si mesmo. Um convite à maravilhosa jornada do autoconhecimento que nos conduzirá a tomar posse de nossa herança divina.

Wanderley Oliveira | Ermance Dufaux
11 x 15,5 cm
128 páginas
Somente ebook

RECEITAS PARA A ALMA

Mensagens de conforto e esperança, com pequenos lembretes sobre a aplicação do Evangelho para o dia a dia. Um conjunto de propostas que se constituem em verdadeiros remédios para nossas almas.

Wanderley Oliveira | Ermance Dufaux
11 x 15,5 cm
146 páginas
Somente ebook

SÉRIE REGENERAÇÃO

FUTURO ESPIRITUAL DA TERRA

As necessidades, as estruturas perispirituais e neuropsíquicas, o trabalho, o tempo, as características sociais e os próprios recursos de natureza material se tornarão bem mais sutis. O futuro já está em construção e André Luiz, através da psicografia de Samuel Gomes, conta como será o Futuro Espiritual da Terra.

Samuel Gomes | André Luiz
16 x 23 cm
344 páginas

ebook

XEQUE-MATE NAS SOMBRAS - A VITÓRIA DA LUZ

André Luiz traz notícias das atividades que as colônias espirituais, ao redor da Terra, estão realizando para resgatar os espíritos que se encontram perdidos nas trevas e conduzi-los a passar por um filtro de valores, seja para receberem recursos visando a melhorar suas qualidades morais – se tiverem condições de continuar no orbe – seja para encaminhá-los ao degredo planetário.

Samuel Gomes | André Luiz
16 x 23 cm
212 páginas

ebook

A DECISÃO - CRISTOS PLANETÁRIOS DEFINEM O FUTURO ESPIRITUAL DA TERRA

"Os Cristos Planetários do Sistema Solar e de outros sistemas se encontram para decidir sobre o futuro da Terra na sua fase de regeneração. Numa reunião que pode ser considerada, na atualidade, uma das mais importantes para a humanidade terrestre, Jesus faz um pronunciamento direto sobre as diretrizes estabelecidas por Ele para este período."

Samuel Gomes | André Luiz e Chico Xavier
16 x 23 cm
210 páginas

ebook

SÉRIE ROMANCE MEDIÚNICO

OS DRAGÕES - O DIAMANTE NO LODO NÃO DEIXA DE SER DIAMANTE

Um relato leve e comovente sobre nossos vínculos com os grupos de espíritos que integram as organizações do mal no submundo astral.

Wanderley Oliveira | Maria Modesto Cravo
16 x 23cm
522 páginas

ebook

LÍRIOS DE ESPERANÇA

Ermance Dufaux alerta os espíritas e lidadores do bem de um modo geral, para as responsabilidades urgentes da renovação interior e da prática do amor neste momento de transição evolutiva, através de novos modelos de relação, como orientam os benfeitores espirituais.

Wanderley Oliveira | Ermance Dufaux
16 x 23 cm
508 páginas

AMOR ALÉM DE TUDO

Regras para seguir e rótulos para sustentar. Até quando viveremos sob o peso dessas ilusões? Nessa obra reveladora, Dr. Inácio Ferreira nos convida a conhecer a verdade acima das aparências. Um novo caminho para aqueles que buscam respeito às diferenças e o AMOR ALÉM DE TUDO.

Wanderley Oliveira | Inácio Ferreira
16 x 23 cm
252 páginas

ABRAÇO DE PAI JOÃO

Pai João de Angola retorna com conceitos simples e práticos, sobre os problemas gerados pela carência afetiva. Um romance com casos repletos de lutas, desafios e superações. Esperança para que permaneçamos no processo de resgate das potências divinas de nosso espírito.

Wanderley Oliveira | Pai João de Angola
16 x 23 cm
224 páginas

UM ENCONTRO COM PAI JOÃO

A obra também fala do valor de uma terapia, da necessidade do autoconhecimento, dos tipos de casamentos programados antes do reencarne, dos processos obsessivos de variados graus e do amparo de Deus para nossas vidas por meio dos amigos espirituais e seus trabalhadores encarnados. Narra também em detalhes a dinâmica das atividades socorristas do centro espírita.

Wanderley Oliveira | Pai João de Angola
16 x 23 cm
220 páginas

O LADO OCULTO DA TRANSIÇÃO PLANETÁRIA

O espírito Maria Modesto Cravo aborda os bastidores da transição planetária com casos conectados ao astral da Terra.

Wanderley Oliveira | Maria Modesto Cravo
16 x 23 cm
288 páginas

ebook

PERDÃO - A CHAVE PARA A LIBERDADE

Neste romance revelador, conhecemos Onofre, um pai que enfrenta a perda de seu único filho com apenas oito anos de idade. Diante do luto e diversas frustrações, um processo desafiador de autoconhecimento o convida a enxergar a vida com um novo olhar. Será essa a chave para a sua libertação?

Adriana Machado | Ezequiel
14 x 21 cm
288 páginas

ebook

1/3 DA VIDA - ENQUANTO O CORPO DORME A ALMA DESPERTA

A atividade noturna fora da matéria representa um terço da vida no corpo físico, e é considerada por nós como o período mais rico em espiritualidade, oportunidade e esperança.

Wanderley Oliveira | Ermance Dufaux
16 x 23 cm
279 páginas

ebook

NEM TUDO É CARMA, MAS TUDO É ESCOLHA

Somos todos agentes ativos das experiências que vivenciamos e não há injustiças ou acasos em cada um dos aprendizados.

Adriana Machado | Ezequiel
16 x 23 cm
536 páginas

ebook

RETRATOS DA VIDA - AS CONSEQUÊNCIAS DO DESCOMPROMETIMENTO AFETIVO

Túlio costumava abstrair-se da realidade, sempre se imaginando pintando um quadro; mais especificamente pintando o rosto de uma mulher.
Vivendo com Dora um casamento já frio e distante, uma terrível e insuportável dor se abate sobre sua vida. A dor era tanta que Túlio precisou buscar dentro de sua alma uma resposta para todas as suas angústias..

Clotilde Fascioni
16 x 23 cm
175 páginas

O PREÇO DE UM PERDÃO - AS VIDAS DE DANIEL

Daniel se apaixona perdidamente e, por várias vidas, é capaz de fazer qualquer coisa para alcançar o objetivo de concretizar o seu amor. Mas suas atitudes, por mais verdadeiras que sejam, o afastam cada vez mais desse objetivo. É quando a vida o para.

André Figueiredo e Fernanda Sicuro | Espírito Bruno
16 x 23 cm
333 páginas

Livros que transformam vidas!

Acompanhe nossas redes sociais

(lançamentos, conteúdos e promoções)

- @editoradufaux
- facebook.com/EditoraDufaux
- youtube.com/user/EditoraDufaux

Conheça nosso catálogo e mais sobre nossa editora. Acesse os nossos sites

Loja Virtual
- www.dufaux.com.br

eBooks, conteúdos gratuitos e muito mais
- www.editoradufaux.com.br

Entre em contato com a gente.

Use os nossos canais de atendimento

- (31) 99193-2230
- (31) 3347-1531
- www.dufaux.com.br/contato
- sac@editoradufaux.com.br
- Rua Contria, 759 | Alto Barroca | CEP 30431-028 | Belo Horizonte | MG